Ramón de Mesonero Romanos

Recuerdos de viaje por Francia y Bélgica en 1840-1841

Barcelona **2024**
Linkgua-ediciones.com

Créditos

Título original: Recuerdos de viaje por Francia y Bélgica en 1840-1841.

© 2024, Red ediciones S.L.

e-mail: info@Linkgua-ediciones.com

Diseño de cubierta: Michel Mallard.

ISBN rústica: 978-84-9816-464-0.
ISBN ebook: 978-84-9953-422-0.

Cualquier forma de reproducción, distribución, comunicación pública o transformación de esta obra solo puede ser realizada con la autorización de sus titulares, salvo excepción prevista por la ley. Diríjase a CEDRO (Centro Español de Derechos Reprográficos, www.cedro.org) si necesita fotocopiar, escanear o hacer copias digitales de algún fragmento de esta obra.

Sumario

Créditos _____ 4

Brevísima presentación _____ 7
    La vida _____ 7

Advertencia _____ 9

Introducción _____ 11

I. De Madrid a Bayona _____ 19

II. Bayona _____ 27

III. De Bayona a Burdeos _____ 36

IV. Burdeos _____ 46

V. De Burdeos a París _____ 56

VI. París _____ 65

VII. París _____ 76

VIII. París _____ 86

IX. París _____ 97

X. París _____ 110

XI. París _____ 121

XII. Bruselas _____ 132

XIII. Los caminos de hierro	143
XIV. Las ciudades flamencas	152
XV. Malinas. Lieja. Namur	163
XVI y último Amberes	171
Libros a la carta	181

Brevísima presentación

La vida

Ramón de Mesonero Romanos (Madrid, 1803-1882). España.
En su juventud se ocupó de los negocios bancarios de su familia. Solo se dedicó por entero a la literatura y el periodismo tras heredar una sustanciosa fortuna. Fue cronista de Madrid y miembro de la Real Academia Española. En 1836 fundó el *Semanario pintoresco español* y escribió con el seudónimo de «El Curioso Parlante». Sus cuadros de la vida cotidiana de Madrid destacan los aspectos anecdóticos y pintorescos y retratan las formas de vida tradicionales desde una óptica burguesa con cierta pretensión moral.

Advertencia

Muchos de los lectores del Semanario pintoresco Español, en cuya obra periódica han visto la luz pública estos artículos, me manifestaron el deseo de tenerlos reunidos en un pequeño volumen, donde poder leerlos seguidamente y sin el embarazo y confusión de materias propias de un periódico.

He debido, pues, ceder a tan benévola invitación, y a la de mi amigo el señor don Miguel de Burgos que ha querido ocupar sus prensas con esta obrilla; pero no puedo menos de repetir aquí que estos ligeros bosquejos, trazados rápidamente en los descansos de mi viaje, son únicamente hijos de mis propias impresiones, incompletos y diminutos, como dedicados a amenizar un periódico; y que de ninguna manera pretenden pasar por una descripción razonada y completa del país a que se refieren. Mi principal objeto fue el de excitar con este pequeño ensayo el celo y patriotismo de nuestros viajeros españoles, que por excesiva modestia o desconfianza callan obstinadamente, defraudando de este modo a nuestro país de muchas obras de más valer con que pudieran enriquecerle; extremo opuesto y no menos fatal que el que con razón se achaca a los muchos viajadores extranjeros que diariamente fatigan las prensas con ridículas y absurdas relaciones.

Declarado francamente el objeto de este escrito, y conocida ya del público la imparcialidad del autor, confía hallar en esta ocasión de parte de la crítica aquella indulgencia que le ha merecido en otras.

Introducción
Entre las diversas necesidades o manías que aquejan a los hombres del siglo actual, y que ocupan un lugar preferente en su espíritu, es sin duda alguna la más digna de atención este deseo de agitación y perpetuo movimiento, este mal estar indefinible, que sin cesar nos impele y bambolea material y moralmente, sin permitirnos un instante de reposo; siempre con la vista fija en un punto distante del que ocupamos; siempre el pie en el estribo, el catalejo en la mano, deseando llegar al sitio a donde nos dirigimos; ansiando, una vez llegados, volver al que abandonamos, y con la pena de no poder examinar los que a la derecha e izquierda alcanzamos a ver.

Esta necesidad inextinguible, este vértigo agitador, se expresa en la sociedad por la continua variación de las ideas morales, de las revoluciones políticas: en el individuo se manifiesta materialmente por el perpetuo aguijón que le punza y aqueja hasta echarle fuera de sus lares, y hacerle arrostrar las fatigas y peligros para dar a su imaginación y a sus sentidos nuevo alimento; para correr tras una felicidad que acaso deja a la espalda; para huir un fastidio que acaso sube con él en el coche; para salvar un peligro que acaso corre agitado a buscar. Insomnios y cuidados, sinsabores y fatigas, sustos y desengaños... ¿qué le importan? Romperá el círculo de su monótono existir; abandonará el espectáculo que le enoja; recobrará su alegría y vitalidad, y podrá luego a la vuelta entonarse y pavonear diciendo: «Yo he viajado también».

Las relaciones de los viajeros le han trazado Pindáricamente el magnífico cuadro de la salida del Sol tras de la alta montaña o en las plácidas orillas del mar. El pintor ha puesto delante de su vista los más bellos paisajes, la atmósfera brillante, el cielo nacarado, la cascada que se deshace en perlas, la verde pradera cuyos límites se confunden con el horizonte; la elevada montaña que va a perderse entre las nubes; el arroyuelo serpiente de plata, el valle silencioso, las selvas amigas, y demás pompa erótica de los antiguos poetas clásicos. Los críticos y filósofos le han enloquecido con la narración de las extrañas costumbres, de las fiestas pintorescas de los pueblos que ha de visitar. Los hombres de mundo le han confiado en secreto (por medio de la imprenta) sus galantes aventuras de viaje, y llenádole la cabeza de doncellas trashumantes, de casadas víctimas, de viudas antojadizas, de padres soñolientos, de maridos ciegos, y de complacientes mamás. Si el presunto viajero está enfermo, el médico le afirma que a la segunda jornada le está esperando la salud para darle un abrazo y viajar con él; si es tonto, el maestro le dice que la sabiduría existe en tal o tal posada, donde no tiene más sino tomarla al pie de fábrica; si es pobre, no falta alguna vieja que le excite a salir al mundo en busca de la fortuna; si es rico... «¿para qué quiere V. sus millones, señor don fulano?» (le dice un accionista de las diligencias); si habita la ciudad, se le encomian las delicias del campo; y si es campesino, se le hace abrir tanta boca pintándole los encantos de la ciudad.

¿Quién sabe resistir a tantas embestidas, a tan bien dirigido asedio? ¿quién no siente una espuela en el ijar, una comezón en los pies, un vacío en los sentidos que tarde o temprano acaba por hacerle brincar a la calzada, sacudir los miembros entumecidos, y lanzarle a la rápida carrera con más fervor y confianza que el antiguo atleta a las arenas de Olimpia?

Pero hay además de los anteriores motivos otro motivillo más para que en este siglo fugaz y vaporoso todo hombre honrado se determine a ser viajador. Y este motivo no es otro (perdónenme la indiscreción si le descubro) que la intención que simultáneamente forma de hacer luego la relación verbal o escrita de su viaje. He aquí la clave, el verdadero enigma de tantas correrías hechas sin motivo y sin término; he aquí la meta de este círculo; el premio de este torneo; la ignorada deidad a quien el hombre móvil dirige su misteriosa adoración.

Y no vayan VV. a creer por eso que nuestros infatigables viajeros contemporáneos, dominados por un santo deseo de hacerse útiles a sus semejantes, tengan en la mente la idea de regalarles a su vuelta con una pintura exacta y filosófica de los pueblos que visitaron, realzada con sendas observaciones sobre sus leyes, usos y costumbres, aplicaciones útiles de la industria y de las artes, y apreciación exacta de la riqueza natural de su suelo. Nada de eso. Semejante enojoso sistema podría parecer bueno en aquellos tiempos de ignorancia y semi-barbarie en que no se habían inventado los viajeros poetas y las relaciones tipográficas; en que un Ponz o un Cabanilles creían de su deber llenar tomos y más tomos, el uno para describir tan menudamente como pudiera hacerlo un tasador de joyas todos los cuadros, estatuas, columnas, frisos y arquitrabes que hay en las iglesias de España; y el otro para darnos una buena lección de geodesia, mineralogía y botánica, a propósito de la descripción del país valenciano.

Para hacer esto ¡ya se ve! era preciso empezar por largos años de estudio y meditación sobre las ciencias y las artes; era necesario poseer un gran caudal de juicio y buena crítica; poner a prueba la más exquisita constancia; arrostrar la intemperie y las fatigas, como un Rojas Clemente, para descubrir la existencia de una florecilla en el pico de una elevada montaña; revolver mil polvorosos archivos, como Flórez o Villanueva, para aprender a descifrar los místicos tesoros de las iglesias de España; dar la vuelta al mundo, como Sebastián Elcano o don Jorge Juan, para acercarse a conocer su figura esférica; o exponerse a una muerte como Cook y Lapeyrouse, por revelar a sus compatriotas la existencia de pueblos desconocidos.

Ahora, gracias a Dios y a las luces del siglo, el procedimiento es más fácil y hacedero; y éste es uno de los infinitos descubrimientos que debemos a nuestros vecinos traspirenaicos, a quienes en éste como en otros puntos no queremos negar la patente de invención.

Ejemplo. Levántase una mañanita de mal humor Monsieur A o Monsieur B (llámenle ustedes H), porque el público parisién silbó la noche pasada el sainete vaudeville que colaboró el tal en compañía de otros cuatro o cinco autores de igual vena; o porque vio en la ópera con otro quidam a la mujer no comprendida (femme incomprisse) a quien dedicó su última colección de versos, titulada Copos de nieve, u Hojas de perejil. Siente entonces la necesidad de dar otro rumbo a su imaginación, otro círculo a sus ideas; y nada encuentra mejor que quitarse de en medio del público que le silbó, de la mujer ingrata que no le supo comprender. El librero editor para quien trabaja a destajo, entra en este momento en su gabinete para notificarle que de los cuatro volúmenes de aquel año se tiene ya comidos por anticipación los tres y medio, y que aún no ha producido más que la portada del primero. El director de un periódico le reclama siete docenas de folletines en diferentes prosas y versos, contratados de antemano para reemplazar a las sesiones de las cámaras; y el casero, el fondista, y las demás necesidades prosaicas, formulan al mismo tiempo sus notas diplomáticas con una desesperante puntualidad.

No hay remedio; preciso es decidirse: viajará y correrá en posta a buscar nuevas impresiones que vender a su impresor; nuevas aventuras que contar en detalle al público aventurero; nuevas coronas de laurel y monedas de plata que ofrecer a la ingrata desdeñosa y al tirano caseril.

En esto la imaginación le recuerda confusamente que el ignorante público, al tiempo que silbaba su drama aplaudía a rabiar una especie de cachucha o bolero que se bailaba al final. Mira pasar por delante de su ventana la diligencia Lafitte que se dirige a Burdeos, y lee casualmente en el periódico que tiene en la mano un parrafillo en que, entre el anuncio de una nueva pasta pectoral, y el beneficio de un viejo actor, se dice que la España acaba de realizar la última revolución del mes.

No hay que pensar más. Nuestro autor folletinista conoce (y no puede menos de conocer) que su misión sobre la tierra es cruzar el Pirineo, y nuevo Alcides, revelar a la Francia y al mundo entero ese país incógnito y fantástico designado en las cartas con el nombre de España, y fijar en las márgenes del Vidasoa otro par de columnitas con el consabido «PLUS ULTRA. Monsieur N. invenit».

Dicho y hecho. Apodérase de su alma el entusiasmo. Atraviesa rápidamente la Francia, y entrando luego en las provincias Vascongadas, tiende el paño, y empieza a trazar su larga serie de cuadros originales, traducidos de Walter Scoot, apropiándose, venga o no venga a pelo, todo cuanto aquel dice de los montañeses de Escocia, aplicando a éstos unos cuantos nombres acabados en charri o en chea, y hágote vizcaíno o guipuzcoano, y yo te bautizo con el agua del Nervión.

Adelantando camino nuestro intrépido viajero, cuenta como luego se enamora de él perdidamente la hermosa doña Gutiérrez, hija de Don Fonseca, con las aventuras a que dieron lugar los celos de Peregillo el Toreador, amante y prometido esposo de la dicha moza, hasta que él tuvo a bien dejársela, cautivado por la gracia andaluza de la duquesa de Viento Verde, que se empeñó en hacerle señas y enviarle flores desde su balcón.

Subiéndose después a las torres de la catedral de Burgos, cree llegada la ocasión de desplegar su erudición histórica, y nos cuenta cómo el Cid fue un caballero muy célebre de la corte del rey don Fruela, pocos años después de la rendición de Granada a las armas españolas; y dice cómo el pueblo de

Burgos, en acción de gracias de aquel suceso, levantó su magnífica catedral, bajo la dirección de un arquitecto (por supuesto francés) a quien después quemó la inquisición; y nos encaja a este propósito una graciosa historieta de cierta princesa a quien tuvieron presa en una de las torres de la catedral por haberse enamorado del arzobispo, que era hijo de Recaredo. Habla después de la superstición del pueblo español, y dice que en los teatros (¡en los teatros de Burgos!) ha visto a las parejas santiguarse para empezar a bailar el bolero, y en los paseos hincarse de rodillas toda la gente cuando la campana de la catedral sonaba el Angelus.

Sale por fin de Burgos, y durante el camino se desencadena contra la ignorancia del pueblo de los campos y las posadas porque no le entienden en francés; y se queja de que no ha encontrado ladrones por el camino, faltándole a su viaje este colorido local; pero en fin, se consuela con otra historieta, de que tampoco nos hace gracia de cierto Manuellito el zagal que, según nuestro autor, fue un asesino célebre a quien nadie conoce en aquella comarca, donde siguió por muchos años sus travesuras, hasta que un día tropezó con una cabalgata en que iba la hija del príncipe de Aragón, doña Guiomar, (a quien dice que luego ha conocido en Sevilla) y se enamoró de ella, con lo cual el rey le perdonó sus fechorías, y le armó caballero del toisón de oro, nombrándole virrey del Perú, «cuyo empleo (dice muy serio nuestro autor) desempeña actualmente».

Después de las exclamaciones de costumbre sobre los caminos, las posadas y carromateros de España, llega por fin a Madrid, y aquí empieza el segundo tomo de su viaje. A propósito de el Prado nos revela que es un paseo muy hermoso, poblado de naranjos y cocoteros, y una fuente en medio que llaman de las cuatro estaciones, a cuyo derredor se sientan todas las tardes las señoretas madrilegnas, y los lacayos van sirviéndolas sendos vasos de limonada, y azucarellos, que son unas especies de esponjas dulces cuya fabricación es un misterio que guardan los confiteros de Madrid; y entretanto que ellas se refrescan las fauces, alternando con el aroma del cigarito, que todas fuman de vez en cuando, los señoritos amorosos, dandys o leones de Madrid las cantan lindas segedillas a la guitarra, a cuyos gratos acentos, no pudiendo ellas resistir, saltan de repente e improvisan una cachucha o un bolero obligado de castagnetas, con lo que el baile se hace general, y así concluye el paseo todas las tardes, hasta que pasa la retreta, y todos se retiran a dormir.

Sale luego nuestro Colón traspirenaico a recorrer las calles de noche, y nos refiere las estocadas que ha tenido que dar y recibir para abrirse paso por entre la turba de amorosos que cantaban a las ventanas de sus duegnas, y cómo luego tuvo que recoger a una de éstas que se había escapado de su casa, y la condujo a su posada donde le contó toda su historia, que era por extremo interesante, pues la requería de amores el reverendo padre abad de S. Jerónimo (la escena suponemos que pasará en 1840), y ella no le quería ni pintado, porque estaba enamorada de un príncipe ruso que por causa de su amor se había ido a sepultar a la cartuja de Miraflores.

Habla luego de la puerta del Sol, donde dice que presenció una corrida de toros en que murieron catorce hombres y cincuenta caballos: recorre después nuestros establecimientos, en los cuales no halla nada que de contar sea: habla más adelante de las tertulias y de la olla podrida, con sendas variaciones sobre el fandango y la mantilla; describe menudamente las dimensiones de la navaja que las señoras esconden en las ligas para defenderse de los importunos, y pinta por menor la vida regalada del pueblo que no hace más que cantar o dormir a la sombra de las palmas o limoneros.

Por este estilo siguen en fin nuestros gálicos viajeros, daguerreotipando con igual exactitud nuestras costumbres, nuestra historia, nuestras leyes, nuestros monumentos; y después de permanecer en España un mes y veinte días, en los cuales visitaron el país Vascongado, las Castillas y la capital del reino, la Mancha, las Andalucías, Valencia, Aragón y Cataluña, apreciando como es de suponer con igual criterio tan vasto espectáculo, y sin haberse tomado el trabajo de aprender siquiera a decir buenos días en español, regresan a su país llena la cabeza de ideas y el cartapacio de anotaciones, y al presentárseles de nuevo sus editores mandatarios, responden a cada uno con su ración correspondiente de España, ya en razonables tomos, bajo el modesto título de Impresiones de viaje; ya dividido en tomas a guisa de folletín.

Ahora bien; si tan fácil es a nuestros vecinos pillarnos al vuelo la fisonomía; si tan cómodo y expedito es el sistema moderno viajador, ¿será cosa de callarnos nosotros siempre, sin volverles las tornas, y regresar de su país aventurado sin permitirnos siquiera un rasguño de pincel? Cierto, que para describirle como convendría a la instrucción y provecho de las gentes, eran precisas todas aquellas circunstancias de que hablamos al principio; pero ya queda demostrado lo inútil de aquel añejo sistema; y asó como al volver de la capital francesa nos apresuramos a importar en nuestro pueblo el corte más nuevo de la levita o el lazo del corbatín, justo será también, y aun conveniente, probar a entrar en la moda de los viajeros modernos franceses, de estos viajeros, que ni son artistas, ni son poetas, ni son críticos, ni historiadores, ni científicos, ni economistas; pero que sin embargo son viajeros, y escriben muchos viajes, con gran provecho de las empresas de diligencias, y de los fabricantes de papel.

Ánimo, pues, pluma tosca y desaliñada, ven luego a mi socorro, e invocando los gigantescos númenes de aquellos genios que poseen el don de llenar cien volúmenes de palabras sin una sola idea, permíteme hacer el ensayo de este procedimiento velocífero con aplicación a los extranjeros pueblos que conmigo visitaste; pero en gracia del auditorio, sea todo ello reducido homeopáticamente a las mínimas dosis de unos pocos artículos razonables con que entretener a mis lectores honradamente, y hacerles recordar, si no lo han por enojo, mi parlante curiosidad.

I. De Madrid a Bayona

Por los meses de junio y julio del año pasado todos los habitantes de esta heroica villa parece que se sintieron asaltados de un mismo deseo; el deseo de perderla de vista, y de hacer por algunos días un ligero paréntesis a su vida circular. Cuál alegaba para ello graves negocios e intereses que llamaban su persona hacia los fértiles campos de Andalucía; cuál la intención de ir a buscar su compañera en las floridas márgenes del Ebro; el uno improvisaba una herencia en las orillas del Segura; el otro soñaba una curación de sus antecedentes en las graciosas playas del Cabañal Valenciano. A aquél le llamaba hacia la capital de Cataluña la accidental permanencia de la corte en ella; a éste la curiosidad de recorrer los sitios célebres de nuestra historia contemporánea brindábale el rumbo hacia el país vascongado. Todo se volvía ir y venir, y correr y agitarse con fervor para terminar los preparativos que un viaje exige; las modistas y sastres afamados no se daban manos para cortar trajes de amazona y levitas de fantasía; las tiendas de calle de la Montera quedaron desprovistas de necesaires de viaje, cajas de pintura, guantes y petacas. Ponmard y Ginesta no bastaban a confeccionar Álbums y Souvenirs: los libreros agotaron su surtido de libros... en blanco; y los perfumistas Fortis y Salamanca tuvieron que pedir a Carabanchel dobles remesas de jabones de Windsord, y de aceite de Macasar.

Todas estas idas y venidas, todos estos dares y tomares, venían a convergir en el patio de la casa de diligencias, que a todas horas del día y de la noche veíase lleno de interesantes grupos de levitín y casquete, de sombrerillo y schal, que aguardaban palpitantes a que el reló del Buen Suceso diese la una, las dos, las tres, todas las horas, medias y cuartos, para montar en la diligencia, y dar la vela, cuál al oriente, cuál al occidente, el uno al sur, y el otro al septentrión. Y los restantes grupos que rodeaban a los primeros, y que por su traje de ciudad representaban a la fracción quietista que quedaba condenada a vegetar en el Prado esperando que el libro de la diligencia les señalase su turno de marchar, parecían como reprimir un movimiento de envidia, y al estrechar en sus brazos a sus amigos y amigas no podían contener la sentida frase de «¡Dichosos vosotros!»...

Y a la verdad, no era de extrañar esta unánime resolución de viajar que impulsaba a los habitantes de Madrid (de ordinario quietos e inamovibles) si se atiende a que era el primer verano en que, después de seis años de guerra y de casi completa incomunicación, podían con libertad saborear el derecho de menearse (que es uno de los imprescriptibles que nos concedió la naturaleza), y querían con este motivo extender alguna cosa más su acostumbrada órbita que se extiende de un lado hasta Pozuelo y Villaviciosa, y el por el otro abraza hasta el último Carabanchel.

Ello en fin fue tal por aquel entonces la necesidad de lanzarse más allá de las sierras, que apenas en los primeros días de julio un elegante que se respetase podía dar la cara en la luneta o pasearse en el salón de el Prado; y en los mismos salones del Liceo se hacía sentir la escasez de poetas, en términos que las sesiones tenían que celebrarse sotto voce y en la prosa más común.

Afortunadamente para nuestra capital los habitantes de las provincias se habían encargado de vengarla de aquel desdén de sus naturales cortesanos, y animados por igual deseo de locomoción, parecían haberse dado de ojo para venir a ella, y aprovechar la excelente ocasión que se les presentaba de disfrutar un verano de treinta y cuatro grados sobre cero, a la sombra del teatro de Oriente, o de las cortinas de la Puerta del Sol.

La carrera de las provincias Vascongadas era principalmente la que por entonces llamaba la atención; ya por más análoga a la estación ardorosa, ya por el deseo de visitar los célebres sitios de Luchana y Mendigorría, Arlaban, Vergara, etc. La vida confortable de S. Sebastián, los celebrados hados de Sta. Águeda, las gratas romerías de Bilbao, y sobre todo el próximo aniversario del abrazo de Vergara, eran razones más que suficientes para determinar a la mayor parte de los viajeros madrileños hacia aquellas célebres comarcas; y con efecto fue tal el deseo de visitarlas, que los asientos de las diligencias tenían que tomarse con un mes de anticipación, y las más elegantes tertulias se daban cita para Cestona y Mondragón.

La silla-correo en que yo salí de Madrid en los primeros días de agosto (después de haber esperado un mes mi turno para viajar en posta) pertenecía a la nueva compañía que se ha encargado de conducir la correspondencia en esta carrera, y por la especial construcción del carruaje soportaba, además del peso de dicha correspondencia y conductor, mayoral y zagales, el no despreciable que formábamos nueve viajeros, tres en la berlina y seis en el interior. Item más; un décimo, que, ardiendo en deseos de refrescar sus exterioridades en los baños de Sta. Águeda, había transigido con viajar al aire libre entre el mayoral y el zagal, en el asiento delantero, preparándose convenientemente al baño con un Sol perpendicular de cuarenta grados. A tal punto llegaba el deseo de lanzarse a los caminos, y a tal grado de provecho le utilizaban las empresas de carruajes públicos.

Eran las cuatro en punto de la mañana, hora no la más cómoda para dejar el blando lecho y marchar en dirección a la casa de correos para entregarse a la merced de las mulas y de la Dirección de caminos. Por fortuna, a estas horas nuestros amigos y apasionados no habían tenido por conveniente venir a decirnos a Dios, y a estrujarnos a abrazos y consejos: los únicos espectadores que teníamos en aquel instante fiero, eran el comisionista de la diligencia, que estropeaba nuestros nombres a la luz de un menguado farolillo, y el centinela que paseaba delante de la puerta del principal. Ni perro que aullase, ni vieja que gimiese, ni dama que se desmayase, ni mano que tuviera otra que estrechar.

Los viajeros, disfrazados como de costumbre lo mejor posible, nos contemplábamos unos a otros como calculando nuestro respectivo desenrollo, y temiendo cada cual encontrarse de pareja con el más bien favorecido por la naturaleza. Por fortuna los tres de la berlina pertenecíamos a la más fea mitad del género humano, y lo que va es sabido todos a este siglo (siglo que ya es sabido que no es el más propio para engordar), y podíamos en conciencia quedar libres de todos nuestros movimientos, y hasta de nuestras palabras, vista la genial conformidad que inspiran una edad semejante, un mismo sexo, y un coche común.

Pero veo que insensiblemente voy cayendo en la moda de los viajeros contemporáneos, que no hacen gracia a sus lectores de la más mínima de las circunstancias personales de su viaje, y le persiguen hasta saturar sus oídos con aquel Yo impertinente y vanidoso que aun en boca del mismo Cristóbal Colón llegaría a fastidiar.

Mas, a decir la verdad, ¿qué podría contar aquí que de contar fuese, tratándose de la travesía de Madrid a Buitrago, por Alcobendas y Fuencarral, por aquellos campos silenciosos y amarillos, ante los cuales enmudecería la misma rica y delicada lira de Zorrilla, o el pincel fecundo y grato de Villaamil?

¿Pintaré la majestuosa salida del Sol en una atmósfera pura por detrás de mi manso ribazo? Pero esto es clásico puro hasta hacer dormir a todo el hospital de Zaragoza.

¿Contaré las Dorilas y Galateas que todas las mañanitas abandonan las vegas de Fuencarral para venir a vender nabos a Madrid?

¿Diré los tiernos Melibeos que, arropados en una estera o un resto de manta vieja, se disputan un cuartillo de lo tinto en la taberna del portazgo, no al son del dulce caramo, sino al impulso de una redonda piedra o del grueso garrote que les sirve de cayado paternal?

¿Pintaré los románticos atavíos del carretero burgalés que asoma dormido a la boca de su galera al lado de su fiel Melampo, que duerme también, y al ruido que hace nuestra silla al acercarse, entreabren ambos los ojos, sin que podamos percibir en la rápida carrera si fue el perro o el otro el que ladró?

¿Contaré, en fin, las pintorescas vistas de S. Agustín o Cabanillas, las construcciones fósiles, los techos, paredes, cercas, sierras y semblantes, todo de un propio color ceniciento y pedregoso, y aquel suave aroma de la aldea que se despide de la paja y otras materias menos nobles quemadas en el fogón, el todo armonizado con las suaves punzadas del ajo frito en aceite, o de las migas empapadas en pimentón?

Por otro lado, no sería posible que pudiera contar nada de esto, porque en honor de la verdad debo decir que, anudando el roto hilo de nuestro sueño, cada cual habíamos tenido por conveniente inclinar la cabeza en distinta dirección, y acabar de cobrar de Morfeo (otro Dios clásico del antiguo régimen) nuestra acostumbrada nocturna ración; sin dársenos un ardite ni de la venta de Pesadilla, ni del abandonado convento de la Cabrera, ni de las costumbres de los habitantes, ni de la historia del país; y solo caímos en la cuenta de que al subir en el coche habíamos renunciado a nuestro libre albedrío, cuando bien entrada la mañana y el Sol armado con todo el aparato volcánico que suele, observamos que el mayoral (a quien Dios no llamaba por este camino) quiero decir, que toda su vida no había andado otro que el del arroyo de Abroñigal y por primera vez seguía este rumbo, juzgó conveniente el no seguirle derecho, sino ladearse algún tanto a uno de los bordes que dominaba casualmente a un precipicio; y lo hizo de suerte que a no habernos apresurado los viajeros a saltar rápidamente del coche, cuál por la puerta, cuál por la ventanilla, seguramente hubiéramos acabado de describir la curva para la que ya teníamos mucho adelantado. Por fin aquel susto pasó, y los nueve o diez viajeros pudimos reconocer nuestros bustos en pie, y de cuerpo entero, a la clara luz del mediodía; con lo cual, luego que ayudamos al mayoral a salir del ahogo, y luego que nos convencimos de que íbamos guiados por la sana razón de las mulas, aprovechamos con gusto la ocasión que se nos ofrecía de andar una legüita a pie, al Sol de agosto y sobre arena, hasta llegar a Buitrago, a donde contábamos despachar la inevitable tortilla o el pollo mayor de edad.

De Buitrago a Aranda de Duero hay otras catorce leguas mortales, que tampoco ofrecen nada nuevo que contar, supuesto que no sea nuevo entre nosotros lo trabajoso de los caminos, máxime en sitios tan escabrosos como las gargantas de Somosierra, que aun en la mejor estación son ásperas y desabridas. En Aranda, a donde llegamos a las nueve de la noche, nos aguardaba la cena en una posada, verdadero tipo de las posadas castellanas, cuya descripción, si tantas veces no estuviera ya hecha, no sería inoportuno hacer aquí. Pero viajando como viajamos en posta, no hay por qué detenernos, sino volver a subir a la silla a las once de la noche y andar toda ella (cosa poco frecuente en los caminos de España), con la esperanza de llegar a Burgos al amanecer, como así exigía el servicio del correo, y teníamos motivos para esperarlo. Pero en esto como en las demás cosas vamos tomando la moda francesa, que consiste en prometer magníficamente; quiero decir, que las veinte y cuatro horas del servicio público se convirtieron por aquel viaje en treinta y dos, llegando a Burgos a las doce del día con toda puntualidad.

Por otro lado, no puede negarse que es cosa cómoda, viajando en el correo, hacer sus paradas de hora y más a almorzar, a comer, a cenar; item más, seis horas para dormir en Vitoria; cosa que no le hubiera ocurrido al mismo Palmer, cuasi inventor de los correos en Inglaterra. Por supuesto que en Burgos tuvimos lugar de visitar minuciosamente la Catedral (que tampoco describo aquí por haberlo hecho recientemente uno de los viajeros traspirenaicos de que hablábamos antes), luego comer sosegadamente, y aun no sé si alguno hizo un ratito de siesta. Pasado todo lo cual acudimos todos a nuestro velocífero, y después de atravesar aquella tarde el magnífico desfiladero de Pancorbo, verdadero prodigio de la naturaleza, a eso de las ocho de la noche dimos fondo en Vitoria, donde pudimos descansar, juntamente con la correspondencia, que sin duda debería hallarse fatigada del viaje, y necesitaría las seis horas de reposo.

La del alba sería (como dice Cervantes) cuando el servicio público y el nuestro particular volvió a exigir de nosotros el sacrificio de abandonar el lecho. La mañana era apacible y nublada, como de ordinario acontece en el estío más allá del Ebro: cada paso que dábamos, cada sitio que descubríamos, nos traía a la memoria un recuerdo aún reciente de la pasada guerra. Arroyabe, Ulibarri-Gamboa, Arlaban, Salinas; las verdes y pintorescas montañas de la provincia de Guipúzcoa; los blancos caseríos que las esmaltan, por decirlo así; las ferrerías, las ermitas, las aldeas en puntos de vista deliciosos; luego la villa de Mondragón sentada en un paisaje suizo, con sus casas de severo aspecto, sus armas nobiliarias sobre las puertas, y sus bellos restos de antiguas construcciones. Al apearnos un momento mientras se mudaba el tiro, hallamos aquí una comisión del Prado de Madrid, bañadores de Sta. Águeda, que está a corta distancia. Luego pasando rápidamente por aquellos deliciosos valles, gratas colinas, lindos caseríos, por Vergara la inmortal, Villareal, Ormaiztegui, Villafranca y otros muchos pueblos interesantes, llegamos a Tolosa a comer. Esta linda ciudad guipuzcoana con sus bellos edificios, sus calles tiradas a cordel, su aseo y elegancia no puede menos de cautivar la atención del viajero, que por otro lado encuentra en ella una posada muy buena, a la manera de los hotels franceses, y una complacencia, un esmero en el servicio, que nada tiene tampoco que envidiar al de aquéllos.

Desde nuestra entrada en las provincias, los zagales y postillones que se iban sucediendo en las distintas paradas, vestidos de la blusa azul y la boina, símbolo característico del país, nos llamaban la atención por sus tallas esbeltas, su marcial franqueza, y el lenguaje incomprensible para nosotros, aunque halagüeño, con que entablaban entre sí conversación. Guiados por su destreza, y sin cuidarnos del mayoral andaluz que había abdicado sus funciones desde el pronunciamiento de Buitrago, caminábamos con toda confianza por aquellos empinados derrumbaderos, por aquellos verdes valles, por sobre aquellas deliciosas colinas. Cada paso que avanzábamos, cada giro que daba el coche, se desplegaba a nuestra vista el más delicioso panorama que una imaginación poética pudiera imaginar. Cuando considerábamos que aquellos campos, ora apacibles y tranquilos, que aquellas colinas risueñas, que aquellos pueblecitos felices, acababan de ser teatro de todos los horrores de una guerra fratricida, parecíanos un sueño, y por tal lo toMaríamos, a no hallar de vez en cuando algún caserío quemado, algún puente roto; a no saber por nuestros conductores que aquella que bajábamos era la disputada cuesta de Salinas, que aquellas alturas que dejábamos a derecha eran las alturas de Arlaban, que más adelante teníamos enfrente las famosas líneas de Hernani; y los conductores, por otro lado, no nos dejaban la menor duda, contándonos con la mayor franqueza, sin orgullo, ni disimulo, que allí disputaron el paso a nuestras tropas, que aquí deshicieron la legión inglesa, que allá cortaron el camino para favorecer una retirada, que acullá quemaron ellos mismos su pueblo para que no pudiese servir de asilo al enemigo. Todo esto dicho sin acrimonia, sin arrogancia, como una cosa natural, sencilla, y al mismo tiempo contentos con su actual posición; el uno habiendo vuelto a labrar el campo de sus padres; el otro conduciendo nuestra silla-correo; cuál escoltándonos a lo largo con el fusil al hombro, cuál otro cantando el Zorzico al compás del martillo con que trabajaba en la ferrería.

Siguiendo, en fin, por las empinadas cuestas del Pirineo, y pasando Astigarraga, Oyarzun, y otros pueblos menos importantes, en el momento que íbamos a dar vista a Irún, vimos rodeado nuestro coche por multitud de muchachas que, deseándonos feliz viaje, nos lanzaban rosas y otras flores, nos alargaban al ventanillo canastos de manzanas, y nos pedían sin duda en su idioma las albricias de la ausencia. Al anochecer, en fin, llegamos a Irún, en cuyo término corre el Vidasoa, que separa la España de la Francia. Aquí el mayoral quería dar un descanso a su imaginación, y hacernos pasar la noche bajo el cielo patrio; pero los tres viajeros de la berlina, únicos que seguíamos todavía tomando a nuestro cargo la defensa del procomún, argüimos fuertemente que era precisa llegar con la correspondencia a Bayona aquella misma noche, y no tuvo nuestro locomotor otro recurso que volver a marchar.

Pasamos a pie el puente divisorio de los dos reinos, no sin palpitar nuestros pechos al dejar momentáneamente nuestra amada España: sufrimos en la aduana francesa el escrupuloso registro de nuestros equipajes, y aunque la noche cerró en agua, seguimos nuestro camino por San Juan de Luz y

Vidart, y a eso de las doce de la noche entrábamos en la ciudad de Bayona, y buscábamos posada, sin que en más de una hora pudiéramos hallarla, por estar a la sazón todas ocupadas por los numerosos viajeros que, de paso para los baños del Pirineo, habían llegado de España y Francia a la ciudad. Nuestro mayoral andaluz recordó entonces que se había venido sin la hoja de viajeros (única cosa en que consistía su encargo), y que se había ido a Bayona conduciendo al correo con la misma franqueza con que pudiera llevar en su calesa un par de manolas a los novillos de Leganés.

Si yo hubiera de seguir aquí la cartilla de los modernos viajeros franceses, parece que era llegada la ocasión de tejer una historieta galante con alguna princesa transitoria o con alguna diosa de camino real, en que, repartiéndome graciosamente el papel de galán, al paso que diese algún interés a mi narración, rehabilitase en la opinión de las jóvenes mi ya olvidada persona. Ocasión era sin duda de tentar la envidia de mis compatriotas, pasándoles por delante de la vista alguna de aquellas aventuras vagas, sorprendentes y simbólicas que, al decir de los señores traspirenaicos, asaltan al extranjero luego que salva los límites de su país natal; y esto me daría también pie para juzgar a mi modo y de una sola plumada del carácter, costumbres, historia, leyes y físico aspecto del país que veía desde la noche anterior. Pero en Dios y en mi conciencia (y hablo aquí con la honradez propia de un hijo de Castilla) que ninguna princesa ni cosa tal nos salió al camino; que ningún entuerto ni desaguisado se cometió con nosotros; que tampoco fuimos objeto de ningún especial agasajo; y que, en fin, entramos en la región Gálica con la misma franqueza que Pedro por su casa, y lo mismo que ellos (los galos) entran cada y cuando les place por nuestra España, sin que nadie se cuide de ellos, ni princesas les cobijen, ni enanos le suenen la trompeta, ni puentes levadizos se les abajen, ni doncellas acudan a cuidar del su rocín.

II. Bayona

Para desagravio de mi conciencia y previa inteligencia de mis lectores, paréceme del caso, antes de entrar en materia, apuntar aquí algunas ideas que determinan el verdadero punto de vista bajo el cual desearía fuesen juzgados estos pobres borrones que un buen deseo, más bien que una impertinente locuacidad, me han dictado. Y es la primera: que nunca fue mi ánimo el de formar un viaje crítico ni descriptivo, pues ni la escasez de mis medios literarios, ni la exigüidad de unos pocos artículos de periódico lo permiten, ni veo para ello una necesidad, supuesto que son tantos y tan buenos los libros que existen sobre la materia. Segunda: que tampoco llevo la pretensión al ridículo extremo de convertirme en mi propio coronista; achaque de que suelen adolecer algunos viajadores, que entienden dar al público lector tan grato pasatiempo como a ellos les produce el recuerdo de sus propias aventuras. Y tercera y última: que habiendo de tratar de cosas muchas veces dignas de encomio y de imitación, injusto y aun criminal sería, en quien se precia de hombre honrado, sacrificar la verdad al fútil deseo de cautivar la risa de sus lectores, y buscar en la paleta aquellos colores que solo guarda para combatir los objetos que crea dignos de festiva censura.

Esto supuesto, no busque el lector en estos artículos ni metódica descripción; ni pintura artística o literaria; ni historia propia, más o menos realzada con picantes anécdotas; ni sátira amarga siempre, ni pretexto constante para hacer reír a costa de la razón. Pues entonces ¿a qué se reduce su contenido? A poca cosa. A algunas observaciones propias, a tal cual comparación imparcial, a tal otra crítica templada, a indicaciones tal vez útiles, a odios tal vez inconexos, y el todo reunido a contribuir (si bien con escasas fuerzas) a pagar el obligado tributo que en todas las acciones de la vida debe cada individuo al país en que nació.

La diferencia entre dos naciones limítrofes no se marca tan absolutamente en los primeros pasos que en ellas se dan, sino que va tomando cuerpo conforme la influencia del clima, de la educación y de las leyes van ejerciendo un influjo más inmediato. Los pueblos colocados cerca de las fronteras participan generalmente de la misma civilización, del mismo cielo, muchas veces hasta de un propio lenguaje; y he aquí la razón porque la mayor parte de los viajeros quedan desorientados cuando al pisar por primera vez un país extraño, hallan en él tan poca disparidad con el que acaban de abandonar. No basta un tratado diplomático, ni el curso de un río, ni una cordillera de montañas, para borrar el carácter de homogeneidad que la naturaleza, la frecuencia de comunicación, y tal vez la propia historia imprimen en pueblos colindantes; sin embargo, el poder de las leyes y la mano de la administración, hace sentir su presencia hasta los más remotos confines de un reino, y ante un espíritu observador tal vez produce esto mismo tan extraordinario contraste, como formado que está con aquellos mismos medios que la naturaleza había dispuesto en una completa homogeneidad.

Poco, por ejemplo, podrá hallar que admirar el que, salvando el puente del Vidasoa, pase desde las amenas colinas y pintorescos valles de Guipúzcoa, a los no menos graciosos paisajes del departamento de los Bajos Pirineos. Poca diferencia entre las poblaciones y caseríos, ni en las figuras y trajes de los habitantes; y hasta el lenguaje vascongado llegará a sus oídos con más frecuencia que el español o el francés. Sin embargo en obsequio de la verdad, no puede dejar de convenirse en que desde la misma aldea de Behovia, contigua al extremo francés del puente, se empieza a notar más aseo en el aspecto de las casas, bien construidas y blanqueadas, más gusto y oportunidad en la colocación de los pueblos y caseríos, más orden y policía en su administración interior. Sirvan de ejemplo de comparación San Juan de Luz, pequeña villa francesa de unos tres mil habitantes, a corta distancia de la frontera, y la de Irún, última villa española, de población semejante; desgraciadamente habrá de reconocerse la sensible diferencia de una y otra administración. Y cuenta, que la de las provincias Vascongadas es entre nosotros una excepción honrosa, y tal que en este punto puede decirse que la España empieza del Ebro acá.

BAYONA, a ocho leguas francesas de la frontera, es el primer pueblo donde ya se encuentra bastante delineada la fisonomía de las ciudades francesas. Sentada a distancia de una legua escasa del Océano, en la confluencia que forman los dos ríos Nive y Adour, se halla dividida por el primero de ellos, que la atraviesa por su término medio, dándola el aspecto de dos ciudades diversas en su forma, y que vulgarmente suelen ser designadas por Bayona la grande y Bayona la chica. Hay además del otro lado del Adour una tercera población, parte de la ciudad, y es el arrabal llamado de Sancti

Spiritus, habitado generalmente por mercaderes judíos de origen español y portugués. En él está también la ciudadela de Vauban, que domina a la vez a la ciudad, el puerto, el mar y la campiña; además está defendida la ciudad por otros dos castillos, en cada una de las dos partes le que se compone.

La ciudad vieja nada tiene que alabar, y por sus calles sucias, estrechas y mal cortadas, tampoco envidiaría a las más oscuras de Castilla; pero la parte nueva que se extiende a la orilla izquierda del río Nive ofrece un aspecto halagüeño, por lo alineado de sus calles, bellas plazas, y edificios modernos y elegantes. Sobre todo, son muy notables la hermosa calle principal llamada el Cours, que continúa el camino de España, y la plaza de Granmont con hermosas vistas sobre ambos ríos, y en que se hallan situados el suntuoso edificio nuevamente construido para aduana y teatro, y otras varias casas de bella apariencia. En esta plaza, en el Cours, y en el extendido dique bordado de buenos edificios que se extiende a la orilla del río es donde se halla concentrada toda la vitalidad de Bayona.

No puede negarse sin injusticia, que pocas o ninguna de nuestras ciudades de tercer orden (como lo es Bayona en Francia) pueden compararse a ésta, ni en lo bien cortado y simétrico de su plano, ni en sus bellas construcciones, ni en su animación y comodidad interior. Nuestras ciudades, edificadas por lo general en medio de las guerras civiles y extranjeras que forman el tejido de nuestra historia, colocadas muchas de ellas en elevadas alturas, y cortadas en laberintos de encrucijadas para mejor acudir a su defensa; asombradas otras al pie de la inmensa mole de una gran montaña para garantirlas de los ardores de un Sol meridional, buyendo las más de ellas cautelosamente la inmediación de los ríos, que por la índole particular de nuestro suelo no son las más veces medios de comunicación ni aun de salubridad, carecen por lo general de los medios de comodidad y de agrado que proporciona a la mayor parte de las ciudades francesas, inglesas, holandesas y flamencas, un país más llano, unos ríos benéficos y caudalosos, y un Sol templado; si bien acaso las ceden en pintoresca situación, en variado aspecto y magnífico colorido.

Las ciudades francesas adolecen generalmente de falta de poesía, tal vez de demasiada uniformidad; pero en cambio por su belleza y simétrica construcción, su aseo y limpieza, proporcionan mayores medios al habitante para disfrutar holgadamente de los goces de la civilización. Sentadas en medio de hermosas llanuras o sobre pequeñas colinas, por la mayor parte se encuentran naturalmente divididas por un gran río o por un canal artificial, cuyas orillas cierran altos y fuertes diques, coronados de hermosas casas. Esta gran arteria de circulación en medio de un pueblo le presta un grado de animación extraordinario; y con los puentes que comunican entrambas orillas, con los barcos que cruzan el río por delante de las casas, con la doble fila de éstas que se despliega por ambos lados, ofrecen a la vista un espectáculo halagüeño y al comercio un centro de animación. Así están París, Burdeos, Lion, Rouen y otras infinitas ciudades, y así está Bayona también.

Otra de las cualidades distintivas de las ciudades francesas es el Cours o Boulevart que atraviesa la mayor parte de ellas; el cual no es otra cosa que una gran calle en línea recta, con árboles en el medio, que por su situación y su elegante forma viene a ser el centro del comercio a donde se reúnen las más bellas construcciones, los más magníficos establecimientos, la animación y vitalidad de todo el pueblo en general. Este Cours o Boulevart tiene bastante analogía con las Ramblas que dividen muchas poblaciones de Cataluña, en especial con la hermosa de Barcelona, y con el tiempo podrá realizarse en Madrid en toda la extensión de la calle Mayor y de Alcalá. Bayona, como dejamos indicado, tiene también su Cours aunque más en pequeño que París, Burdeos, Marsella, etc.; pero ofreciendo en él reunidos muchos objetos halagüeños y de comodidad, y con la ventaja de que participando aun de nuestro Sol ardiente, puede conservar en sus construcciones un color claro y agradable, cuya ausencia rebaja en mucha parte a nuestros ojos meridionales la hermosura de los más bellos edificios de las ciudades de Europa, y de Francia misma, más allá de Burdeos y Lion.

Por lo demás, en vano pretenderían buscarse en esta ciudad aquellos grandes monumentos que prueban cierto grado de importancia histórica, y a no ser para visitar su catedral, de un bello gusto gótico, poco o nada tendría que detenerse en ella el artista. Pero en lo que lleva una notable ventaja Bayona a otras ciudades más importantes, es en su hermosa campiña, en sus lindos paseos, y en la alegría y amabilidad de sus habitantes. El forastero a quien la casualidad traiga un domingo a esta ciudad, que no deje de visitar Las marinas, hermoso paseo que domina el puerto y el arrabal de Sancti

Spiritus, si quiere ver reunidos en él a las lindas bayonesas, cuyas expresivas facciones, ojos vivos, talle delicado, son proverbiales en Francia. Allí tendrá ocasión de observar bajo el gracioso sombrerillo de paja o bajo el inimitable pañuelito colocado artísticamente en derredor de la cabeza, más gracias naturales, más amable coquetería que en las grandes reuniones de la corte Parisién. Allí admirará también las expresivas formas de las vascongadas que vienen del otro lado del Pirineo a disputar el premio de la hermosura, el frenético entusiasmo del elegante Parisién que se dirige a buscar sensaciones fuertes a las crestas del Pirineo, o la helada admiración del inglés que se encamina a Bagneres a templar su sequedad.

No es solo en las Marinas donde suelen encontrarse las hijas del Adour y sus exóticos huéspedes. Hay cerca de la ciudad otro sitio adonde la crónica Bayonesa ofrece aún mayor interés. Este sitio es Biarritz, pequeña población, apéndice marino de Bayona, a una legua escasa de ella, en una pintoresca situación sobre las mismas orillas del mar. Este Biarritz es para Bayona lo que el Cabañal para Valencia; esto es; un establecimiento de baños, un pretexto de reunión. Pero fuera de esta analogía de objeto, no puede citarse otra entre ambas poblaciones: pues si bien el Cabañal valenciano con sus techos de paja de arroz, sus graciosas barracas, y su sabor oriental, no carece de agrado, está muy lejos de poder competir con la linda aldea de Biarritz, compuesta de casas de bello aspecto, animada por multitud de fondas, cafés y hasta su pequeño teatro, y dotada en fin de aquel confortable de la vida, que tan descuidado se halla entre nosotros. Así que el extranjero más exigente está seguro de hallar lo que necesita a su buen servicio y comodidad, realzado por el agrado de una amena sociedad anglo-hispano-francesa, en que se reúne el buen tono, y la más cordial alegría.

Las muchísimas casas de campo que se hallan situadas en la hermosa campiña entre Bayona y Biarritz, el continuo pasar de tartanas y diligencias entre ambos puntos, y las cabalgatas en mulas ricamente enjaezadas, y que conducen a las lindas bayonesas, sentadas en unas especies de jamúas (cacolets), conocidas también y tisadas en todo el país vascongado, bajo el nombre de artolas o cartolas, y escoltadas por los jóvenes elegantes sobre briosos caballos, da una animación extraordinaria a todo este recinto durante la temporada de los baños. Estos mismos son un espectáculo singular, pues no habiendo como no hay sitio especial para los bañadores, cada uno se zambulle donde le place, sin distinción de sexo ni edad. Yo no sé si esta costumbre podrá o no perjudicar a la moral; pero lo que es al artista no podrá menos de serle útil para estudiar los diversos partidos del desnudo, y aun el autor fantástico podrá creer tal vez realizados sus ensueños de brujas y trasgos, al mirar algunos tritones-hembras, que con un calzón corto de hule y las trenzas al agua, aparecen y desaparecen alternativamente entre las olas, y sirven para vigilar a las Náyades aprendizas. Porque hay que advertir que el temible golfo de Gascuña presenta por esta parte no poca incertidumbre, y que de las diversas cavernas que bordan la costa, rara es la que no lleva una memoria de alguna historieta trágico-amorosa.

La ciudad de Bayona debe su importancia al activo comercio con España, y más principalmente a nuestras eternas discordias civiles que alternativamente obligan a una parte de la población a huir el patrio suelo, y buscar seguridad en el extranjero. Especialmente en el período de la guerra última llegó a tal punto esta emigración de parte de lo más acomodado de la población de las provincias Vascongadas, que hubieron de contarse hasta quince mil españoles en el departamento de Bajos Pirineos, de los cuales seis mil en la ciudad de Bayona. Hoy es, y todavía los mercaderes bayoneses recuerdan con entusiasmo aquella buena época para ellos, en que veían cambiar por sendas onzas españolas los infinitos artículos que ofrece la industria francesa; así que esta ciudad, la de Pau, S. Juan de Luz y hasta el mismo Burdeos, llegaron a tomar un aire español que aún se percibe, y todavía es muy común el escuchar en cualquiera de sus calles el lenguaje castellano, ver las muestras de las tiendas escritas en nuestro idioma, y oír a los músicos ambulantes repetir con sus instrumentos la jota o la cachucha.

Concluiremos aquí este artículo dando a conocer una de las circunstancias que causan más agradable sensación al viajero español cuando sale de su país. Queremos hablar de los paradores o posadas (hotels), primer objeto con que naturalmente tiene que tropezar un forastero, y cuyo mal estado entre nosotros es una de las causas principales que retraen a todo viajero del intento de visitarnos. Prescindamos de las causas por las que aquellos se han elevado a tal grado de perfección, y las contrarias por las cuales estas permanecen poco más o menos en el estado en que las pintó Cervantes hace casi tres siglos; baste solo indicar que la principal que se alega, que es la falta de viajeros, puede más bien que causa ser efecto, y que ambos deben desaparecer y desaparecerán simultáneamente en el momento en que nuestro hermoso suelo bien administrado, pacífico y seguro, permita al interés particular tomar el rápido vuelo que le conviene, y exigir el debido tributo a la comodidad y a la curiosidad del viajero.

Los hotels franceses situados convenientemente en todas las poblaciones de tránsito, son por lo general edificios construidos ex-profeso para servir a este objeto, y además de una bella fachada, y extensa capacidad, se hallan tan convenientemente distribuidos, que poco o nada dejan que desear. Por lo regular desde el zaguán o portal se pasa a un gran patio cuadrado, a donde pueden colocarse los carruajes con toda comodidad, y desde allí varias puertas conducen a las caballerizas, cocinas, cuadras y parajes necesarios en estos vastos establecimientos; pero todo esto tan disimulado en el aspecto exterior, que apenas el viajero tiene ocasión de conocer que está en una posada pública, y más bien se cree en un hermoso palacio. Regularmente al pie de la escalera principal o en el entresuelo está la habitación del conserje, y lo que se llama comúnmente el bureau; en donde se lleva el registro de los viajeros que entran, las habitaciones que ocupan, etc., y en una tabla numerada se colocan las llaves de éstas, que los huéspedes dejan allí colocadas siempre que salen del hotel. A este sitio también vienen a reunirse todas las campanillas de los distintos cuartos, numeradas también, a fin de que los camareros puedan saber adonde se les llama, y acudir con prontitud. Las paredes del zaguán, del patio, escaleras, bureau, etc. suelen estar cubiertas de grandes cartelones en que se anuncian las compañías de transporte, las horas de correo, los espectáculos del día, las ferias y mercados próximos, las nuevas publicaciones literarias, los remedios infantiles contra toda clase de males, y los fenómenos invisibles que por una corta retribución puede el viajero contemplar.

Las habitaciones ocupan los pisos principal, segundo y demás de la casa, y se hallan convenientemente distribuidas, de suerte que puedan escogerse según las facultades de cada cual. Por lo regular constan solo de una sala, en la cual se halla colocada la cama, elegantemente colgada, (sabido es que en Francia no son de costumbre las alcobas para dormir), un sofá y algunos sillones, con cómodas almohadas, la chimenea con su espejo encima incrustado en la pared, su reloj y floreros sobre la repisa, un secretaire o cómoda de caoba para escribir y guardar los papeles, otra más grande para las ropas, y una mesa con espejo y todos los avíos del tocador. Las paredes cubiertas de lindos papeles de colores, y las graciosas colgaduras de percal, o coco encarnado, acaban el adorno de la habitación; y subiendo este de punto a medida que sube también el precio, es raro el viajero que tenga nada que echar de menos para su regular comodidad.

El servicio es igualmente esmerado; el interés de los amos del establecimiento procura siempre que las discretas sirvientes sean de un físico agradable, de un carácter amable y servicial; los mozos igualmente reúnen buenas maneras, extremada complacencia, y una destreza singular para complacer los deseos del viajero; y su habitación se halla constantemente aseada y compuesta, bruñidos los muebles y los suelos de madera, limpias sus ropas y colocadas con inteligencia, cual pudiera hallarse, en fin, si todos los criados no tuvieran más objeto que el de servirle a él solo.

En el piso bajo de la casa suele hallarse un extenso salón que sirve para comedor, y en él campea constantemente una gran mesa oval cubierta de blanquísima mantelería, y el resto de la pieza le ocupan los aparadores con el servicio. A las cinco de la tarde, por lo regular, en invierno y a las seis en verano, suena una campana que advierte a todos los huéspedes de los diversos compartimentos del hotel que es llegada la hora de comer; y según van descendiendo se colocan en sus puestos respectivos, y se sirve la comida, que por lo regular es abundante y bien condimentada. Esta escena merece por sí capítulo aparte, que trazaremos más adelante, con el objeto de dar a conocer a nuestros lectores lo que es una table d'hote.

Para concluir aquí lo relativo a los hoteles, diremos que toda esta elegante comodidad es poco costosa, pues el precio general suele ser de uno o dos francos (pesetas) diarios, por habitación y cama, dos francos por desayuno y tres francos por la comida.

Los hoteles de Bayona no son ciertamente los que pudieran citarse por modelo tratándose de este punto en Francia, y ceden en mucho grado a los ingleses, belgas y franceses mismos que hemos tenido lugar de admirar. No puede dejar, sin embargo, de causar agradable sorpresa que en pueblos de corta importancia como Bayona, Mont de Marsan, Perpignan, Avignon, etc. pueda proporcionarse al viajero tanta comodidad como en vano buscaría en nuestro país en pueblos tan importantes como Sevilla, Valencia, Burgos y Zaragoza. Pero ¿qué mucho? en Madrid mismo y capital del reino, a donde entran diariamente multitud de diligencias, no encuentra el extranjero al apearse donde descansar su fatigada persona, sino quiere transigir con los mezquinos recursos que le ofrecen tres o cuatro malas fondas, o la prosaica vida de las casas particulares de huésped. No se concibe ciertamente como tantas compañías especuladoras, la misma de diligencias generales, que tantos beneficios ha reportado, no tratan de cubrir esta vergonzosa falta, disponiendo en alguno de los grandes edificios inmediatos a la puerta del Sol un parador, no diremos como los hoteles extranjeros, pero siquiera como los que hay en Vitoria, Valladolid, Cádiz y Barcelona.

III. De Bayona a Burdeos

Desde Bayona a Burdeos se cuentan cuarenta y cinco leguas francesas, generalmente por el país más llano, arenisco y monótono que ofrece la Francia, por lo que poco o nada llega a interesar la atención del viajero. Aprovecharemos, pues, este descanso de la imaginación y de los sentidos para apuntar algunas ligeras indicaciones sobre los diferentes medios de comunicación adoptados generalmente en aquel país, y su comparación con los que existen entre nosotros, a fin de hacer resaltar las respectivas ventajas con la debida imparcialidad y buena fe.

Tres son los medios adoptados generalmente para viajar en Francia; a saber: las diligencias generales; la mala o correo; y las sillas de posta particulares; los tres están ensayados entre nosotros, aunque bastante distantes de su perfección.

Conviene advertir, ante todas cosas, que las carreteras principales que en todos sentidos cruzan la Francia, y muchísimas de las travesías particulares de pueblo a pueblo, se encuentran en un estado excelente; merced a la configuración particular del suelo, mucho más llano en general que el de nuestra España, a la sólida y bien entendida construcción de la calzada, y al crecido presupuesto destinado a su constante entretenimiento. Por lo general no son de una extremada anchura; se hallan formadas con una ligera curva, cuya parte superior está en el centro, y revestidas de piedras cuadradas cuidadosamente unidas, que ofrecen a las ruedas una superficie plana y constante: a uno y otro lado de la calzada, además de los diques y parapetos necesarios en las desigualdades del terreno, suelen formarse anditos cómodos para los viajeros pedestres (bastante comunes en aquel país), y vense de trecho en trecho enormes pilas de piedras ya cortadas para reponer los desperfectos que ocasiona a la calzada el continuo tránsito de carruajes. Fácil es conocer el grado de comodidad que aquella superficie unida y perfectamente adaptada a las anchas ruedas de los carruajes, y la cómoda construcción de éstos, proporcionaran a su movimiento, con gran satisfacción del viajero especialmente de aquel que, acabando de sufrir las bruscas ondulaciones de nuestro suelo, sus carreteras desniveladas, y sus desencajados pedruscos, haya pasado algunos días sin saborear el más mínimo instante de reposo. Añádase a todo esto que allí no es tampoco común el encontrarse detenido frecuentemente por un arroyo improvisado, apenas perceptible en unas ocasiones y convertido en otras en rápido torrente; ni el haber de atravesar un peligroso río en una débil barca: o el verse, en fin, obligado a trepar a pie o en diestras cabalgaduras a la elevada cumbre de una áspera montaña.

Los puentes colgantes, los fuertes murallones, los diques elevados convenientemente a las márgenes de los ríos, los inteligentes cortes y rodeos para evitar los tránsitos peligrosos de las montañas, son testimonios constantes del entendido celo de un gobierno que en todas ocasiones ha dado la mayor importancia a la rapidez y a la comodidad de la circulación interior. A tan grandes comodidades materiales se reúnen el grato aspecto de las campiñas, los crecidos arbolados que constantemente cubren ambas orillas del camino, la inmensa multitud de casas de posta, hosterías y paradores que le interrumpen a cada paso, y la risueña perspectiva de mil y mil pueblecitos que la vista alcanza a descubrir en el fondo de los valles, sobre las altas colinas, a las márgenes de los ríos y a los lados del camino; el majestuoso curso del Garona, el Loira, el Saona, el Rodano y el Dordogne, poblados de barcos vapores y veleros; el interminable tránsito de caminantes en toda clase de carruajes y cabalgaduras, y la seguridad, en fin, absoluta contra todo asalto de malhechores, de día, de noche, en carruaje propio o en diligencia pública; más que éstas lleven cargada su imperial de sacos de dinero, y aunque hayan de atravesar en noche oscura un espeso bosque o una cordillera de montañas. De aquí se podrá formar una idea aproximada de las ventajas positivas, incalculables, que de todo ello se deducen para el viajero. Sentados, pues, estos precedentes, vengamos ahora a los medios ya indicados de viajar.

El primero y más generalmente seguido es el de las diligencias públicas. Dos empresas inmensas, conocidas bajo los nombres de Mensajerías generales y de Laffite y Caillard, explotan hace ya muchos años todas las carreteras generales de Francia, además de otras muchas empresas que se han repartido luego las trasversales y subalternas; en términos que no hay ninguna que deje de estar servida con regularidad, pudiendo recorrerse el país en todas direcciones con la seguridad de hallar diariamente medio de comunicación. A pesar de los notables adelantos que en este punto hemos experimentado en nuestro país a vuelta de pocos años, y a pesar de los inmensos beneficios que el público y las empresas de diligencias se han reportado mutuamente, ¡cuán lejos estamos aún de aquel resultado! Verdad es que, gracias a la existencia de carreteras regulares entre los puntos principales del reino, y al establecimiento de la compañía de diligencias generales, se halla bastante regularizado el servicio desde Madrid a Bayona, a Sevilla y Cádiz, a Zaragoza, Valencia y Barcelona. Pero fuera de estas grandes carreras, y en otras no menos importantes, así como en las trasversales, estamos aún poco más o menos en el mismo grado de incomunicación que en el pasado siglo.

Además de los datos propios que pudiéramos producir en apoyo de esta verdad, a la vista tenemos una carta de un amigo viajero que, obligado a hacer una travesía de veinte y cuatro leguas en nuestras provincias meridionales y entre pueblos muy importantes, además de una picante descripción de los sustos, trabajos y fatigas que hubo de sufrir en tan desdichado viaje, reasume así los gastos indispensables que le ocasionó, y fueron los siguientes:

Dos mulas para el viajero y su equipaje, por seis días ida y vuelta a 30 reales mula	360
Un mozo a 12 rs. id. id..	72
Dos soldados a caballo y su cabo (por seguridad indispensable) a 20 rs. diarios	360
Tres almuerzos a toda esta gente y caballerías a 60 rs	180
Tres comidas id. id. a 100 rs	300
Tres noches id. id. a 120 r	360
Gratificaciones al cabo y criado	40
	————
Total	1672

Un calesín donde se encuentra, cuesta a razón de 60 reales diarios contando ida y vuelta, y un coche con cuatro mulas a 200 rs. id. «Y esta cuentecita (añade con mucha gracia el ya citado amigo) es suponiendo que el viajero ya vestido al estilo del país, con su chaquetilla redonda y sombrero calañés, que no lleva guantes ni gorra exótica ni extravagante, ni gafas de oro o de concha, ni bastón con puño dorado, ni cartera de apuntaciones que saque a menudo, ni cosa alguna que le haga parecer extranjero; en cuyo caso aumenta la cuenta, tanto por la gorra, tanto por los guantes, tanto por las gafas, etc., etc.»

Pues gastándose estos 1672 reales se andan las veinte y cuatro leguas en tres días, sufriendo el viento, el Sol, el polvo, el agua, durmiendo mal y comiendo peor. Y no se crea que esto sucedía hace siglos, ni entre ásperas montañas, ni en país despoblado e inculto: sucede en el año de gracia 1841, entre pueblos ricos y de gran vecindario, que tienen caminos, aunque muy descuidados, para carruajes; pero en cambio que carecen de carruajes para caminos.

Esta misma travesía de veinte y cuatro leguas españolas (treinta y dos francesas) se hubiera podido hacer en Francia en ocho horas en la malleposte por unos 120 rs., y en la diligencia en once horas por unos 76.

Tan gran facilidad de comunicación proporciona una circulación, un movimiento tal en aquel país, que viene a convertirse en contratiempo, pues no parece sino que todo el mundo está a todas horas en todas partes: así que no pocas ocasiones acontece el hallarse sin asientos disponibles, o tener que variar de rumbo para evitar la concurrencia.

La forma de las diligencias es semejante a la adoptada entre nosotros, y constan también de tres divisiones, de berlina (coupé), interior, y rotonda (gondole). Además tienen arriba dos o más asientos sobre lo que se llama la imperial. Allí también se coloca el conductor, que, separado por este motivo de toda comunicación con los viajeros del interior del coche, se ocupa silenciosamente desde su elevada altura en dirigir las riendas de los caballos. Estos son ordinariamente cuatro o cinco, y a veces más, si lo exige el estado del camino; y suelen andar a razón de tres leguas francesas por hora, sin que en este punto sean muy escrupulosos cuando la estación es mala; de suerte que por regla general puede asegurarse que nuestras diligencias andan el mismo espacio en igual tiempo dado. Pero en lo que existe notable diferencia es en el precio, pues en las de Francia no llega regularmente a dos reales por legua, y en las nuestras sube por lo menos al doble. Sin embargo, para proceder con la debida imparcialidad, y huyendo justamente de todo movimiento de admiración exagerada, debemos aquí reconocer que, salvas aquellas diferencias, es más grata la vida de la diligencia española, más cómodo su servicio particular.

En primer lugar, por moderno establecimiento, por su precio bastante elevado, y por la escasez de otros medios más rápidos de comunicación, reasume todavía el privilegio de servir a las clases más acomodadas y distinguidas: lo cual asegura al viajero la ventaja de hallarse en medio de una agradable sociedad, que participando de unas inclinaciones análogas, siguiendo las más veces reunida toda la extensión del viaje, haciendo sus altas correspondientes o pasar las noches en las posadas, y participando, en fin, de los mutuos temores y del peligro común, no es extraño lleguen a intimar hasta el punto que acaso haya quien vea acercarse con sentimiento el término de su viaje. Por otro lado, el mayoral o conductor, el zagal y el postillón, sentados los dos primeros en el delantero del coche y el último sobre la primer caballería del tiro, se hallan continuamente en franca correspondencia con los viajeros, de quien reciben, cuando el cigarrito, cuando el resto del refrigerio, a cambio de una condescendencia o de una protesta de seguridad que disipa los temores de todo mal encuentro. Sabido es además que desde el punto y hora en que el mayoral español hace resonar el primer chasquido de su látigo, comienza entre él y sus mulas el interesante diálogo, a que responden alternativamente con el inteligente movimiento de sus pies y de sus orejas la Capitana, la Generala, la Coronela, la Gallarda, y el macho Pulido, favorito especial a quien se dirigen de preferencia sus apostrofes y reniegos. Durante toda la travesía da a los viajeros todas cuantas pruebas de deferencia permite su consigna, y contribuye no poco a hacerle olvidar la monotonía del país que se desplega a su vista. Si le preguntan cuántas leguas dista de la ciudad, siempre consuela con que son cortas: si le manifiestan temores por ciertos bultos que atraviesan el camino, siempre nos conforma con la seguridad de que en todo el mes no le han asaltado todavía; si una angustiada dama se le queja de sed, se apresura a alargarla su bota de Yepes o Valdepeñas; si un chiquillo juguetón quiere coger un nido de gorriones o ver las mulas, le permite bajar y trepar a los árboles o sentarse con él en el delantero. Es en fin el patrón del buque; el útil e indispensable comensal de toda la tripulación; y raro es el viajero un poco curioso que al llegar al término de su viaje no lleva en su memoria el nombre, la historia y semblanza del complaciente conductor.

Las paradas a dormir en las posadas, (si ellas fueran mejores) no puede negarse que proporcionan una grande comodidad, pues si bien es cierto que se roban algunas horas al camino, también hay que convenir en que son de descanso al cuerpo y de grato solaz al ánima pecadora. Seríamos injustos, sin embargo, si respecto a las posadas o paradores de las grandes carreras que corre la diligencia, no reconociéramos notables mejoras en estos últimos tiempos, y tales que muchas de ellas las hemos hallado superiores al escaso interés que pueden reportar por la falta de viajeros. No se busque, empero, aquella elegancia de forma, aquella coquetería de accesorios que hemos indicado respecto de los hoteles franceses en el artículo anterior; pero por lo menos puede contarse con una mesa abundante y sana, con camas limpias, y un precio fijo y moderado. La marcha canonical de nuestra diligencia permite por otro lado disfrutar ampliamente de aquellas ventajas, y no solo da el tiempo suficiente para comer y dormir con todo descanso, sino que todavía puede el viajero aprovechar largos ratos en visitarla plaza del lugar o la colegiata, al mercado los jueves, a misa los domingos, y descansar, aunque algo metafóricamente, por las noches sobre algún empedernido colchón.

En la diligencia francesa es otra cosa: en primer lugar la sociedad que en ella se reúne es bastante heterogénea, gracias a la extremada baratura del precio y a los medios más cómodos de transporte. Comisionistas, corredores de comercio (comis voyageurs) tipo especial francés, jóvenes dispiertos y aún atolondrados que acaso bosquejaremos algún día; oficiales del ejército que mudan de guarnición; cómicos y empresarios de los teatros de provincia; estudiantes y entretenidas; modistas y amas de cría; hermanas de la caridad y poetas excéntricos y no comprendidos en su lugar. Tales son los elementos que en ellas vienen a reunirse generalmente, y ya se deja conocer que no hay que esperar de ellos aquellas delicadas atenciones, aquellos rendidos obsequios, aquella amable deferencia que suele regularmente hacer agradable el viaje en nuestros coches públicos. Allá por el contrario, el individualismo está más caracterizado; cada cual retiene para sí el mejor sitio posible, y le defiende obstinadamente aun contra los privilegios de la edad o las gracias de la hermosura; y cuenta, que el rincón de un coche no es cosa indiferente cuando han de pasarse en él las largas noches de invierno. Hay viajeros y viajeras que imponen a sus compañeros su inevitable locuacidad, persiguiéndole hasta en los secretos de su vida interior o de sus proyectos futuros; y los hay también que se aíslan y se reconcentran en sí mismos, y a la hora conveniente asoman su cestita de provisiones, y se complacen en desplegar a la vista de los hambrientos colaterales, ya el rico pastel de Perigord, ya el sabroso queso de Gruyere, ya los dulces de Metz, o los salchichones de Marsella; sazonando estos delicados frutos con las descomunales ojeadas que suelen acompañar a la implacable cesta en el momento de su ocultación.

El conductor francés, personaje mudo y absolutamente incógnito a la tripulación, colocado allá en la región de las nubes, dirige mecánicamente desde allí su ponderosa máquina, sin apostrofes, sin diálogos, sin interrupción. Llegando a la parada donde ha de remudarse el tiro, no se cuida de averiguar si algún viajero quiere descender, si alguno ha descendido ya y se queda atrás. Todo su celo se limita a reforzar su individuo con un vaso de aguardiente, y hacer que se enganchen los caballos en el menor tiempo posible; verificado lo cual vuelve a encaramarse a las alturas, y da con un silbido la señal de marchar.

De noche, de día, la misma operación, el mismo silencio. Los viajeros se remudan frecuentemente en toda la línea y apenas tienen tiempo de reconocerse. Tal por ejemplo habrá que habiendo tenido al lado toda la noche una tremenda vieja contemporánea de la Pompadour, se ha visto obligado a sumergir su cabeza en el rincón del coche, y a dormir por intervalos entre el armonioso ruido de las ruedas y de los cristales y la memoria infausta de aquel vestigio. De pronto sus ojos, heridos por los primeros rayos del Sol, se abren impacientes, y encuentran, no sin agradable sorpresa, que durante el último término de la noche, la vieja secular ha desaparecido, y transformádose en una graciosa paisana provenzal o en una linda costurera de la Chaussé d'Antin; con lo cual da el viajero a los diablos su sueño pertinaz que no le permitió saber a tiempo tan mágica trasformación.

Por lo demás, ¡qué metamorfosis singular ha ocasionado la noche! Ni la imaginación poética de Ovidio pudiera idearla mayor. La elegante dama que ocupaba el frontero casi exclusivamente con sus exagerados adornos, ha colgado su sombrero carmesí, ha metido en la bolsa sus Llondos tirabuzones, ha doblado sus cintas, sus fichús y mancheles, ha dejado caer sobre la falda sus flores y el color de sus mejillas, y ha restituido en fin al semblante el testimonio de su fe de bautismo, bajo los descuidados pliegues de un horrendo pañuelo de yerbas, y la angustiosa expresión del hambre y del insomnio. El honrado mercader que ocupaba su lado, aparece ahora bajo la forma de mercancía, metido en un saco de lana y cobijado bajo su gorro de algodón. El cómico de la edad media ha dejado su bisogne, y pertenece ya a los tiempos de la barbarie; -y el comisionista Lyonés, el Lovelace de los caminos reales, ha eclipsado su barbudo semblante entre cuatro varas de cachemir. Tan repugnante espectáculo, tan incómodo suplicio, han producido algunas leguas más de camino hechas durante la noche, horas que el viajero está obligado a rescatar cuando llega al término de su viaje. ¡Y todavía se ríen los franceses porque nuestras diligencias hacen alto durante la noche!

Dos veces tan solo durante el día suele pararse ligeramente la francesa, para almorzar y para comer; pero sin ninguna regularidad en la hora ni en el periodo; de suerte que suele acontecer almorzar a las once de la mañana y comer a las cinco de la tarde, y también hacer la primera operación al amanecer, y comer a las diez de la noche; con lo cual el estómago del pobre viajero, asendereado e indeciso de su suerte futura, experimenta una continua alarma y un desfallecimiento positivo; tanto más cuanto que en la media hora o tres cuartos que se le consienten para aquellas operaciones, tiene que reforzarse precipitado, a riesgo de verse interrumpido bruscamente por la voz del terrible conductor que, levantándose de la mesa (en que inconvenientemente toma puesto al lado de los viajeros), grita con voz estentórea: «Messieurs, en voiture».

A esta voz responden mil otras de reclamación y de desconsuelo, que son por supuesto desatendidas, llegando a veces a punto de apelar los viajeros al santo derecho de insurrección, y abalanzarse a recoger indistintamente, cuál el pollo asado, cuál una torta, éste las frutas, aquél al fricandó. En tan indispensable egoísmo, la belleza y la amistad, el respeto y demás consideraciones sociales desaparecen del todo, y cada cual mira únicamente a cumplir con su imperiosa necesidad. No es extraño; sine Cerere et Baco friget Venus. Vayan ustedes a pensar en galanterías cuando se trata de matar el hambre.

El segundo modo de viajar de los ya indicados, consiste en la malle-poste, cómodos carruajes de elegante y ligera forma que permiten tres asientos además de el del correo. La rapidez es tal que están obligados a hacer cada legua en veinte y dos minutos, y no se les concede más que uno o dos para las remudas de caballos, y un cuarto de hora para comer o cenar. Pero esta misma rapidez llega a hacerse insoportable al viajero a quien urgentes negocios no llamen vivísimamente al punto a que se dirige. El precio de estos asientos está fijado en franco y medio por cada parada de dos leguas, o sea tres reales escasos por legua.

El tercer método de viajar es el de las sillas de posta alquiladas particularmente, que reuniendo la rapidez y la comodidad del viajero, su voluntad libre e independiente, es el más adecuado para saborear todos los placeres del viaje; pero, como se deja conocer, es también el medio más costoso, y se paga a razón de franco y medio por caballo (no pueden alquilarse menos de dos) y otro tanto por el postillón en cada posta de dos leguas; además del alquiler de la silla y otros gastos pequeños. Sin embargo, reuniéndose dos viajeros, todavía puede ser arreglado este gasto, especialmente si tienen mucho equipaje que conducir.

Al salir de Bayona por el arrabal de Sancti Spiritus, el camino atraviesa un país agradable y bien cultivado, interrumpido por multitud de casas de campo y de lindas poblaciones, tales como S. Vicente, S. Geours y otras, hasta llegar a Dax donde se pasa el Adour sobre un hermoso puente. Aquí la comarca cambia de aspecto completamente, y empiezan las inmensas llanuras y arenales conocidos por el nombre las grandes Landas; las cuales sin embargo hasta más adelante no despliegan todo su severo aspecto; pero una vez internado en ellas el viajero, fatigada su vista y su imaginación con la monótona presencia de los espesos pinares que a uno y otro lado continúan por espacio de muchas leguas, apenas encuentra un punto de reposo en el lejano caserío de una miserable aldea, en la choza de un pastor, o en la pintoresca figura de éste, que subido en elevados zancos dirige su ganado al través de los profundos arenales.

Después de atravesar la antigua ciudad de Tartas, sentada en el declive de una colina, se llega pasadas algunas horas a la bella población de Mont de Marsan, cabeza del departamento de las Landas. Esta ciudad, aunque situada en la comarca más desierta de la Francia, es tan agradable por sus lindas construcciones, la alineación y limpieza de sus calles y lo animado de su comercio, que viene a interrumpir agradablemente la enojosa tarea del viajero. No perderá nada éste en detenerse algunas horas en tan interesante población; hallará en ella elegantes y bien servidos hoteles, verá bellos edificios públicos, iglesias, prefectura, palacio de justicia, cárcel, presidio y cuarteles, un gracioso teatro, un colegio, una biblioteca pública, establecimiento de aguas termales, fábrica de paños, lindos paseos, gabinetes de lectura, multitud de tiendas y almacenes surtidos de géneros de lujo; y todo esto en una población de tres mil setecientos habitantes; es decir al poco más o menos que la de Ocaña o Alcalá de Henares.

La travesía desde Mont de Marsan a Burdeos ofrece pocos objetos nuevos, continuando aún por largo trecho las inmensas Landas, que aunque en gran parte cultivadas y cubiertas de pinos, ofrecen un tétrico aspecto. En Langon se atraviesa el Garona sobre un magnífico puente colgante; y muy luego se echa de ver el influjo de aquel majestuoso río en las frondosas campiñas que se extienden de uno y otro lado. Luego empiezan a admirarse los célebres viñedos de aquella comarca, cuyas cepas se elevan a una altura considerable, y están sostenidas por varas derechas, no caídas por el suelo como las de la Mancha y Andalucía. Por último desde que se llega a Castres se reconoce la inmediación de una gran ciudad en lo bien cultivado de la campiña, lo animado de las poblaciones y caseríos, hasta que de allí a poco rato, dejando a la derecha el pueblo y castillo de la Breda en que nació el célebre Montesquieu, se ofrece en fin a la vista la magnífica capital de la Gironda a donde llega el viajero por el arrabal de S. Julián.

IV. Burdeos

La primera impresión verdaderamente grande que experimenta el viajero que visita la Francia por este lado, es producida por el magnífico aspecto que despliega a su vista la ciudad de Burdeos; y tal es la agradable sorpresa que le ocasiona, que en vano intentaría luego verla reproducida en ninguna de las grandes ciudades de Francia, y ni aun en presencia de su inmensa y populosa capital.

Para gozar, sin embargo, del cuadro interesante que ofrece al viajero la capital de la Gironda, preciso le será trasladarse a la opuesta orilla del Garona, enfrente del vastísimo anfiteatro de cerca de una legua, que siguiendo la curva descrita por el río, forman los bellos edificios de la ciudad, terminada de un lado por el extenso y elegante cuartel des Chartrons, y por el opuesto por el soberbio puente y los arsenales de construcción.

Colocado el espectador enfrente de aquel magnífico panorama, puede solo desde allí juzgar de la formidable extensión de esta gran ciudad, de la magnificencia y belleza de sus edificios, y del movimiento y animación de su vida mercantil. La extraordinaria anchura del Garona, el atrevido puente que presta comunicación a ambas orillas, la inmensa multitud de buques de todas naciones que estacionan en el puerto, la extensión de los hermosos diques que sirven de defensa a los edificios, las dimensiones colosales, la forma elegante y bella de éstos, los extendidos paseos; y luego allá en el fondo y a espaldas del espectador, enfrente de la ciudad, la campiña más hermosa y más bien cultivada que imaginarse pueda, enriquecida con miles de casas de campo y de bellísimos y antiguos chateaux: tal es el admirable conjunto que se despliega a su vista; y si después de haberle contemplado largamente, penetra en el interior, y dejando a un lado los cuarteles viejos (notables empero por la antigüedad de sus construcciones y el carácter monumental de alguno de sus restos), se dirige a la parte moderna de la ciudad, a la plaza de Chapeau rouge, que conduce desde el puerto hasta el gran teatro; si sigue después los boulevarts interiores, conocidos por el nombre de Cours de Tourny, plantados de frondoso arbolado, y enriquecidos con doble línea de casas elegantes y aun magníficas; si se detiene en la plaza real o en el inmenso paseo formado sobre el espacio que ocupó la antigua fortaleza de Chateau Trompette; si cruza en fin en todas direcciones por las alineadas y hermosísimas calles nuevas que comunican entre sí estos lejanos puntos, probablemente quedará sorprendido, enajenado, al aspecto de tanta grandeza, de tan asombroso lujo, de gusto tan exquisito.

La construcción de las casas particulares de Burdeos no solo se aparta en lo general de las rutinarias y mezquinas formas seguidas por nuestros arquitectos, si no que excede en belleza y elegancia a todo lo que suele verse comúnmente en las ciudades francesas, acercándose más a aquel grado de suntuosidad confortable que tanto admira el viajero en las poblaciones inglesas de Londres, Manchester y Liverpool. Por otro lado, colocada Burdeos bajo un hermoso cielo, que permite a sus edificios conservar largo tiempo un aire de juventud y lozanía, sentada en terreno llano, y con la proporción de extenderse indefinidamente, pudiendo contar para sus construcciones con una piedra acomodada que se presta dócilmente al trabajo del artista, y con el tiempo adquiere gran solidez, de color grato, parecida a la de Colmenar que suele usarse en Madrid; elevadas allí las costumbres de los habitantes a aquel grado de refinamiento de gustos que ostenta un pueblo mercantil en su brillante apogeo, vivificada con los considerables capitales que multitud de negociantes emigrados de América han aportado, cuando huyendo de sus discordias civiles vinieron a fijar su mansión en esta deliciosa ciudad, no hay pues que extrañar su brillante estado, que la eleva justamente a un punto distinguido entre las primeras ciudades de Europa.

Sin embargo, su inmenso recinto encierra solo una población de cien mil almas, y los que llegan a ella desde París, aturdidos aún con el ruido infernal de sus calles, hallan desiertas y melancólicas las de esta hermosa ciudad, siendo muy común el repetir que «a Burdeos solo la hacen falta cien mil habitantes más». Pero no se hacen cargo estos críticos de que, según la exigencia del magnífico bordelés, y el lujo y comodidad a que está acostumbrado, la extensión de su ciudad doblaría entonces también porque al habitante acomodado de aquel pueblo le es indispensable ocupar exclusivamente con su familia toda una gran casa; tener en los pisos bajos sus cuadras, cocheras, bodegas, cocinas, etc.; en el entresuelo sus oficinas mercantiles; sus salones de recepción y comedor en el principal; sus habitaciones y dormitorios en el segundo, y en el tercero las de sus numerosos criados. Que exige también su bien entendido egoísmo que la elegante puerta de su casa permanezca cerrada o defendida por un conserje para impedir las visitas de importunos; que su zaguán y su patio sean verdaderos gabinetes de elegancia y comodidad; que sus escaleras, revestidas de estucos y molduras, adornadas de estatuas, y cubiertas de excelentes alfombras, no sean profanadas por plantas que revelen el piso húmedo de la calle; que todas las puertas, en fin, de comunicación, abiertas a double battant permitan girar a los individuos de la familia con aquella confianza que inspira la seguridad de no ser sorprendidos en su vida interior.

Haciendo de su casa un templo, y un culto de su pacífica posesión, el rico bordelés desplega en su adorno la misma magnificencia y lujo que presidieron a la construcción del edificio; y segundado por los mágicos esfuerzos de la industria parisién, y llamando también en su auxilio los medios que le permite su comercio y comunicación con la Gran Bretaña, la India, y las Américas, puede revestir sus salones con los objetos más primorosos y de mayor comodidad; puede cubrir su mesa con los más delicados frutos de todas las zonas; puede recibir en sus soireés la sociedad más amable y distinguida. Por último, cuando el Sol de junio empieza a ejercer sus rigores, y las bellísimas orillas del Garona se cubren de un admirable verdor, el amable habitante de Burdeos, para quien el disfrutar de la vida es un negocio positivo, una necesidad real, suspende temporalmente sus tratos mercantiles, sus ocupaciones serias, y corre a refugiarse con su familia en algún pintoresco chateau, en medio de vastos y deliciosos jardines, de ricos viñedos, y de inmensos y apacibles bosques.

La ciudad por aquella estación parece más desierta aún, y nadie diría sino que la población entera se había trasladado al radio de algunas leguas. En las calles, en los paseos, en los teatros, apenas se encuentra a nadie, y a cualquiera casa a quien uno se dirija para visitar a los dueños, está seguro de que la vieja portera le ha de responder «Monsieur, et Madame sont à le campagne».

No han huido sin embargo de la ciudad para evitar la vista de sus amigos, para sepultarse en una mísera aldea, ni para adoptar una vida filosófica o pastoril. Lo que ellos llaman su castillo (chateau) no tiene a la verdad el carácter severo y el formidable aparato que aquel nombre indica; y no es otra cosa que un elegante edificio cuadrado, con algunas torrecillas o pabellones en sus esquinas, sentado en medio de un espacioso bosque o jardín, al fin de un largo paseo o avenida formada de dobles filas de árboles frondosos, y circundado, en vez de fosos, por elegantes parterres de flores, lindos estanques, fuentes, estatuas y floreros. Es en fin una verdadera casa de campo, con todos sus agradables accesorios, y adornada interiormente con tan exquisito gusto y elegancia como las más primorosas de la ciudad.

Permítaseme aquí hacer una ligera digresión sobre lo que se entiende entre nosotros por vida del campo, a fin de que no vaya a calcularse por ella de las circunstancias que acompañan a la que se lleva con este nombre en los alrededores de Burdeos y otras ciudades extranjeras.

Un habitante de Madrid, por ejemplo, entiende por vida del campo el abandonar dos o tres meses la Puerta del Sol y el Salón de el Prado, e instalarse lo mejor posible en una miserable casa de Carabanchel, o de Pozuelo de Aravaca, dejándose allí vegetar materialmente; haciendo sus cuatro comidas diarias; dando enormes paseos por las eras del término, enterándose con indiferencia de la chismografía del pueblo, contada por la tía Chupalámparas o el tío Traga-ánimas, o visitando a alguna otra familia desterrada por el médico de Madrid, en compañía de la cual lamenta las privaciones horribles del mísero lugar, y cuenta los días que le faltan aún para cumplir su condena.

Los grandes de España y los ricos capitalistas que de todas las provincias vienen siempre a fijarse en la capital de España, adoptan casi todos el medio de elevar en aquellas míseras aldeas a otras semejantes costosos palacios, hermosos jardines de recreo, alegando justamente la inseguridad de la campiña, y la exposición que traería el situarlos y situarse fuera de toda población y de la vara protectora del alcalde monteril. Prodigando sus tesoros en un suelo escaso de aguas, y atrasado en los métodos de cultivo, llegan a obtener algunas tempranas flores y frutos, sin olor y sin gusto; alguna indecisa sombra, algún principio de bosquete, que luego atavían con sendas cascadas, que no corren, sino lloran sus aguas gota a gota; con elegantes templetes que dominan la vista de mil o dos mil fanegas de tierras de pan-llevar; con grutas misteriosas habitadas por los búhos y lagartijas; y con estanques circulares, que pronto se encarga de desecar el ardiente Sol canicular. Los primeros años de la posesión no hay entusiasmo igual al que manifiesta por ella el nuevo dueño, y cada día gusta de visitarla, y añadirla un adorno más; pero luego comienza a echar de ver que se halla en ella completamente aislado y sin género alguno de sociedad. Que los vecinos del pueblo, lejos de mirarle como a su bienhechor por los capitales empleados en él, son sus más encarnizados enemigos, y conspiran de consuno a maltratarle su hacienda, a despojarle de sus frutos, y a ennegrecer su vida interior con los absurdos chismes que de él cuentan, o los pleitos que le promueven. Que sus amigos de Madrid, o no vienen a visitarle, o vienen a abusar de su franca hospitalidad, tratando su casa y posesión como a tierra conquistada, y condenándole en las costas de sus báquicos placeres. Que la tierra ingrata por escasa de humedad, que el Sol ardiente, que las fuertes ventiscas del Guadarrama, marchitan sus flores al nacer, doran sus praderas antes de tiempo, secan sus bosques, y solo mira producirse con energía las hermosas berzas y lechugas que el hortelano aprovecha como gajes propios. Que los dorados racimos, la encarada fresa, los azucarados frutos del peral y del manzano tocan en aprovechamiento exclusivo a los muchachos del pueblo; y si para defenderlos de ellos levanta una cerca de piedras que le cuesta casi otro tanto que la hacienda, y funda una escuela donde recoger gratuitamente a aquéllos, los gorriones bajan de las nubes a bandadas, y los muchachos suben, a los árboles a docenas, y desertan a centenares de la escuela: por último, que si quiere comer manzanas tiene que enviarlas a comprar a la plazucha de S. Miguel. El interior de la casa que adornó con exquisito gusto, cubiertas las paredes de bellos papeles y séderías, sus salones de muebles cómodos y exquisitos, le encuentra al regresar de la corte el año próximo abiertos los techos, y dando paso al agua por todas sus coyunturas; observa que los jóvenes protegidos del lugar han roto a pedradas todos los cristales de las ventanas; que los visitadores sus amigos han descompuesto los relojes, han roto las llaves y manchado las colgaduras; que la mujer del conserje o encargado de la casa cría conejos en el salón del comedor, y el marido ha establecido su taller de ebanistería en la mesa del villar; y que en fin, el poco aseo, el ningún cuidado, el abandono en que la casa ha permanecido por ocho meses, han impreso en ella un aire de decrepitud, un olor nauseabundo, que acaba por hacérsela aborrecer, y le obligan desengañado a venderla a cualquier precio.

Las demás personas no propietarias que salen de Madrid suelen alquilar una parte de casa a algún vecino del pueblo, lo que equivale a situarse en medio en medio de un aduar. Porque entre los tristes cuadros que ofrecen nuestras más miserables aldeas, ninguno es tan repugnante como el del interior de los pueblos, de las cercanías de la capital de España; ningunas moradas son tan infelices; ningunas paredes tan sucias, ningunos colchones tan duros, ningún huésped tan indolente, ningunas pulgas tan activas, ningunos chicos tan llorones, ningún gallo tan cacareador. Para disfrutar esta vida agreste que no campesina, es para lo que dejan la comodidad de sus casas muchos habitantes de Madrid, y se dan por satisfechos si al cabo de quince días han dado treinta enormes paseos a las eras o a las ermitas del pueblo; si han dormido doce horas diarias, y bostezado las otras doce; si han comido cada uno tres docenas de pollos y bebido treinta azumbres de leche, únicos frutos de fácil adquisición en el lugar; si han hecho de la vinagre vino, de la ceniza pan, de la cofaina ensaladera, de los tejos vajilla, de las botellas candeleros, de las bulas cristales, y de las ruidosas pajas blando y regalado colchón.

Nadie mejor que los habitadores de nuestras hermosas regiones de levante y mediodía pudieran disfrutar verdaderamente de todos los goces de la vida del campo; y las numerosas y lindas quintas, torres y cármenes que cubren los alrededores de Valencia, Zaragoza, Barcelona y Granada, prueban bien que sus dueños saben apreciar esta feliz circunstancia; pero desgraciadamente la apacibilidad del clima y la riqueza de la vegetación no bastan: es preciso reunir ante todas cosas una absoluta seguridad y sosiego, rapidez y frecuencia de comunicación, franqueza e intimidad en las relaciones sociales, buenos modales, y regular discreción en los habitantes de la campiña. Por desgracia poco de esto existe entre nosotros. Yo he visto a los propietarios de algunas de aquellas hermosas campiñas regresar a pasar la noche a la ciudad, por desconfiar hasta de sus propios criados y jornaleros; he visto a otros abandonar sus lindas posesiones, por resultas de reñidos pleitos y altercados con los pueblos comarcanos; he oído a muchos lamentarse de que la falta de camino regular les impide visitar su propiedad en casi todo el año; he sabido de otros que por transacción con los contrabandistas daban la orden a su mayordomo para que los dejase alijar en su cortijo. Todas estas circunstancias, el aislamiento, la falta de sociedad y de proporción para obtener los artículos indispensables a la vida, el rústico egoísmo del campesino, las sangrientas refriegas de los mozos, los turbulentos amores de las mozas, el indiscreto celo de los alcaldes, la saña o la envidia de los pueblos colindantes; tales son los elementos que por do quier rodean entre nosotros al pacífico ciudadano que pasa a situarse en el medio de los campos confiando en Dios y en su propiedad: así que su primer diligencia es preparar todas las armas disponibles; atrancar las puertas con dobles barrones; soltar a los perros-monstruos que guardan la entrada, y dejar sus negocios bien arreglados, por si Dios o los hombres le llaman a mejor vida.

Nada de esto tiene siquiera punto de comparación en las risueñas campiñas, en los innumerables chateaux que rodean a ciudades como Burdeos. Cultivadas aquéllas con el mayor esmero e inteligencia, y sabiendo hermanar el doble objeto de la utilidad y el recreo, adornados éstos y mantenidos con una coquetería de celo (permítaseme la expresión) comparable solo a la que despliega una hermosa dama con las flores de su tocado; servidos por criados extremamente atentos y diestros, que saben atraerse la voluntad de sus señores lisonjeando su gusto dominante; cortando caprichosamente en mil dibujos los cuadros de las flores; desmontando tal colina para proporcionar un bello punto de vista; dando dirección o aprovechando tal manantial descuidado; construyendo un puente rústico sobre cual otro; lavando cuidadosamente las estatuas y jarrones; barnizando las escaleras y suelos embutidos de maderas; limpiando y colocando oportunamente los muebles; y teniéndolo todo en fin con aquel primor que si esperase a todas horas la visita del señor. Éste y su familia por su parte no pierden un solo día de la memoria su mansión favorita, y durante los meses de ausencia de ella procuran nuevas adquisiciones de terrenos; emprenden obras en la casa para aumentar sus comodidades, y continuamente sus comensales van y vienen a la quinta para pintar el gabinete de la señora, o para acabar la estantería de la biblioteca, para arreglar la mesa de billar, o para colocar los instrumentos ópticos en el mirador.

Llegado, como hemos dicho, el mes de junio, toda la familia corre a saborear la regalada mansión de la campagne; los criados de la casa, los jornaleros y vecinos comarcanos acuden a festejar su venida, y luego de instalados convenientemente, reciben y pagan diarias visitas de todos los demás propietarios, habitantes como ellos temporales del campo; y aquellas mismas familias que en la ciudad apenas suelen saludarse, llegan a ser íntimas bajo la suave influencia de la campiña. Así es como pueden improvisarse y se improvisan a todas horas grandes cabalgatas a visitar algunas ruinas cercanas, animados cacerías, o paseos acuáticos a la luz de la Luna; festines abundantes y delicados, y hasta elegantes bailes y animadas soireés. A todas horas del día y hasta muy entrada la noche, y por todos los innumerables y hermosos caminos que conducen de un castillo a otro, y de éstos a la ciudad, se ven cruzar infinidad de carruajes llenos de elegantes damas, multitud de alazanes montados por gallardos caballeros, que van a visitarse mutuamente con la misma seguridad, con el mismo abandono que pudieran en las más frecuentadas calles de la ciudad. Las fiestas patronales de los pueblos circunvecinos, las bodas de los dependientes, los exámenes de las escuelas comunales, los baños, y las vendimias sobre todo, son ocasiones de repetidas fiestas en que suele reunirse bajo el humilde campanario de la aldea o en sus rústicos campos y jardines la más escogida sociedad de Chateau Trompette. Puede calcularse si estos risueños contrastes, si estos cuadros animados prestarán encanto a la imaginación ardiente, al festivo carácter de los habitantes de la Gironda.

    Tiempo era ya de hablar de las curiosidades materiales de esta hermosa ciudad. Pero debe ser ya conocida mi intención al escribir estas líneas, que no es otra que el dar razón de las sensaciones que me produjo la vida animada de los pueblos, más bien que el hacer un inventario de sus riquezas. Afortunadamente este punto está ampliamente desempeñado por los numerosos viajes e itinerarios que todo el mundo conoce: y no necesitaría más que copiar cualquiera de ellos, para dar a conocer a mis lectores las célebres ruinas del palacio que se cree fue del emperador Galieno (aunque más bien parecen de un anfiteatro romano). La catedral, dedicada a San Andrés, de un buen estilo gótico, y su torre aneja llamada el Payberland; la iglesia de San Miguel y su elevada torre, bajo la cual hay una bóveda que tiene la singular particularidad de conservar en un estado perfecto de momificación los cadáveres que en ella fueron depositados hace algunos siglos; y las otras iglesias, de Nuestra Señora, reedificada magníficamente en el siglo último, y la llamada del Colegio que encierra el sepulcro de Miguel de Montaigne. Hablaría del Chateau Royal, antigua residencia de los arzobispos de Burdeos; del palacio de justicia, donde están establecidos los tribunales departamentales; de la bolsa, y la aduana, edificios paralelos; del hotel de ville o casa del ayuntamiento; del teatro principal en fin, y del soberbio puente sobre el Garona, los más magníficos de toda Francia, inclusos los de la capital; de un sin número de otros edificios dignos de la mayor atención bajo el aspecto artístico y por los objetos a que están destinados. Pero además de alargar indefinidamente mi narración, dándola un giro que de ningún modo la conviene, me apartaría insensiblemente de mi objeto. Solo diré que en materias de ciencias y artes encierra Burdeos establecimientos dignos de una capital; que su biblioteca publica cuenta más de ciento diez mil volúmenes, entre los cuales los hay preciosísimos por su rareza, y otros manuscritos: que cuenta además, bajo el título común de Museo, un bello gabinete de historia natural y otro de arqueología, una regular colección de cuadros, escuelas de artes, y un observatorio. En materia de establecimientos de Beneficencia no recuerdo haber visto nada mejor ni más bien servido y administrado que el magnífico hospicio nuevo de Burdeos, verdadero modelo de este género de establecimientos, por sus gigantescas dimensiones, por su sencilla y cómoda distribución, y el orden y bien entendida economía de su régimen interior. Hay además otros muchos establecimientos de caridad y de instrucción; y es igualmente de admirar la riqueza y suntuosidad de los baños públicos de esta ciudad, en especial los dos edificios paralelos con este objeto construidos recientemente frente del puerto; baste decir que su coste ha sido de cinco millones, y que exceden en comodidad a todos los establecimientos de este género aun en el mismo París. El teatro principal, verdadero monumento artístico por su forma material interior y exterior, ofrece por lo regular funciones de mucha aparato en comedia, ópera y baile, aunque por lo regular poco frecuentadas por la desdeñosa aristocracia bordelesa, que solo se digna visitarle cuando la célebre trágica Rachel Felix o el tenor Duprez, aprovechando la licencia temporal que les conceden en los teatros de París, vienen a ofrecer a los habitantes de las orillas del Garona el tributo de sus talentos, a cambio de un premio enorme y de un entusiasmo imposible de describir. Por lo demás puede decirse que el bordelés paga su inmenso teatro, planta sus gigantescos paseos, alza sus enormes casas, para deslumbrar al forastero, y dispensarle magníficamente los honores de la hospitalidad; a la manera de aquellos monarcas orientales que gustan de ofuscar la vista del extranjero con la pomposa parada de su corte, de sus vasallos, de sus tropas, de sus tesoros, y de las dos o tres mil bellezas de su Harem.

V. De Burdeos a París

Atravesando el Garona por cima del magnífico puente de que queda hecha mención, abandona en fin el viajero la deliciosa ciudad de Burdeos, y su vista se recrea aún por largo rato contemplando en sus cercanías la esmerada cultura, las risueñas perspectivas, el sin número de caseríos que esmaltan las praderas, la actividad, el movimiento y vida de la población, que tan cumplidamente hace sentir su presencia y los bellos trabajos de su industria. Uno de los más bellos monumentos de la Francia moderna es el soberbio puente colgante de Cubrac, obra de estos últimos años, y de cuya prodigiosa extensión y admirable artificio siento no tener los datos suficientes para estamparlos aquí. Pásase luego desde el departamento de la Gironda al de Charente inferior, y algunos restos de Landas con su triste monotonía vienen a hacer todavía un ligero paréntesis a tan bella escena, hasta que ya cerca de la ciudad de Angulema vuelve a tomar sus risueños colores y ofrecer la vista la riqueza de su vegetación. Es por manera interesante el grato espectáculo que despliega esta antigua ciudad desde la elevada altura sobre que está edificada; y sobre todo, cuando dando la vuelta al pie de sus murallas, por una especie de terraza que la circunda, pueden contemplarse en una larga extensión los risueños valles formados entre los dos ríos Charente y Anguienne; el curso caprichoso de éstos, y las escarpadas rocas que limitan el lejano horizonte. La ciudad por sí merece también la atención del viajero curioso, en razón a sus antiguos monumentos, entre ellos la hermosa catedral, y la singularidad especial de su caserío que se aparta notablemente de la regularidad y simetría tan comunes en las ciudades francesas. Entre las muchas e importantes fabricaciones que se emplean en esta ciudad, es notable la del papel, cuyas manufacturas principales se hallan situadas en el arrabal de l'Hormeau, y son célebres en toda Francia. Son en extremo interesantes y dignos de estudio los medios mecánicos y científicos empleados en la tal fabricación, y tanto más para nosotros, cuanto que desgraciadamente es uno de los ramos en que nuestra España se presenta fuera del nivel de las demás naciones industriosas. Todo el mundo conoce la hermosa calidad del papel francés y la belleza de las ediciones en que se emplea; pues en cuanto al precio, baste decir que el mejor que puede encontrarse en Madrid a ochenta reales resma, es inferior al que en las fábricas de Angulema cuesta de seis a siete francos.

En la grande extensión de ciento cuarenta y cinco leguas francesas que se cuentan desde Burdeos a París, son muchos los pueblos y otros objetos notables que se ofrecen a la contemplación del viajero; mas su sola enumeración, además de enojosa, sería repetida, y repetida aquí fuera de su lugar. Por otro lado, no soy tampoco de aquellos viajadores que desde el ventanillo del coche a donde asoman rápidamente la cabeza, creen poder juzgar de la condición física y moral de los pueblos que atraviesan, ni de los que copiando las hojas de su libro itinerario adoptan y trasladan cándidamente su contenido. Así, por ejemplo, de la ciudad de Poitiers, antigua y célebre en la historia de Francia, solo puedo decir que me pareció decaída y solitaria respecto a su inmensa extensión, y que al atravesar la inmediata de Chatellereault, (si hubiera sido la primera vez que lo hacía), acaso hubiera experimentado nada grata sorpresa al ver abalanzarse a los estribos del coche multitud de hombres, mujeres y niños, que introducen por sus ventanas, cuál una afilada navaja, cuál un agudo puñal, aquél un corta-plumas de veinte hojas, éste unas enormes tijeras. Pero no experimenté aquel efecto, sabiendo ya de antemano que llegaba al Albacete francés; esto es; a la ciudad cuchillera por excelencia, célebre por el temple de sus aceros, y en la cual, así como en la nuestra del reino de Murcia, el puñal y la navaja son una mercancía inocente y que todo viajero está obligado a sostener. Sin embargo, si el extranjero es Polaco y llegan a olerlo los de Chatellereault, acaso aquellos utensilios no permanezcan tan inocentes en sus manos, gracias a un profundo resentimiento que de padres a hijos se ha trasmitido contra los de aquella nación, por cierta jugarreta parecida al robo de las Sabinas en la antigua Roma, que un regimiento de la guardia imperial, de no sé qué nombre acabado en ski, dispuso y realizó con las mujeres de aquel pueblo en un día de función.

La ciudad de Tours, cabeza del departamento de L'Indre et Loire, sentada a la orilla izquierda de este río, es sin duda una de las más lindas poblaciones de la Francia, por su bella situación en medio del delicioso jardín de la Turena, y la elegancia y gusto de su construcción. La calle principal de la ciudad, que la atraviesa rectamente en toda su extensión de más de un cuarto de legua, desemboca por un lado en el camino de Poitiers y por el opuesto en el gran puente sobre el Loira; es lo más bello y aun magnífico que imaginarse pueda, por su considerable extensión, su perfecto alineamiento, y la belleza de los edificios que la decoran; y aunque el resto de la ciudad no responde en lo general a la suntuosidad de esta entrada, va sin embargo reformándose con arreglo a los preceptos del buen gusto. El aspecto general de la población y sus contornos considerados desde el hermoso puente de piedra (el segundo de esta clase después del de Burdeos) es sobremanera interesante, por la bella agrupación de los edificios, sobre los cuales se destacan las altas torres de la catedral, y a su pie el apacible río cubierto de barcos de trasporte, y una isla deliciosa formada en el medio de sus aguas, la frondosidad del inmenso arbolado, la profusión de quintas colocadas en las situaciones más pintorescas, y embellecido todo con los colores de un Sol resplandeciente, de una atmósfera pura y serena.

Paseando por sus orillas a la caída de una tarde de agosto, trasladábase mi imaginación a las encantadoras márgenes del Guadalquivir, y como que se lamentaba en silencio de que ya que el cielo bondadoso presta iguales y aun mayores dones a nuestro suelo, no sepamos aprovecharlos, revistiéndole de aquel apoyo del arte, de aquella seguridad y protección generosa que necesita para desplegar sus encantos y hacerlos accesibles al hombre. Engolfado en estas consideraciones, di luego la vuelta por los lindos paseos que rodean la ciudad: penetré en sus calles, cuando ya estaban iluminadas por un gas resplandeciente; recorrí sus hermosos cafés; asistí al teatro, y en todas partes hallé una sociedad tan elegante y animada, que más que en una ciudad de veinte y tres mil habitantes, parecíame estar en un pueblo de cien mil. Pero esto se explica diciendo que son infinitos los forasteros que, atraídos del clima apacible, de la campiña encantadora, que hacen de Tours una morada tan favorable a la salud y tan propia para gozar de los placeres de la vida, vienen a ella constantemente a pasar una parte del año, acabando muchos por fijarse allí por toda su vida. Hoy se cuentan cerca de dos mil ingleses que han hecho en Tours y sus cercanías considerables adquisiciones, han edificado casas magníficas, quintas deliciosas, y vienen constantemente todos los años con sus familias, o se hallan resueltamente establecidos en la ciudad.

Si algún día la mejora de nuestros caminos, la multiplicación y facilidad de las comunicaciones, la seguridad personal, el establecimiento de buenas fondas y paradores, la tolerancia y los buenos modales en los paisanos, y el interés, en fin, bien entendido del pueblo en general, llegan a hacer accesible nuestra España a los viajeros touristas, especialmente a los ingleses, para quienes es insoportable la idea de privaciones, de inseguridad y de desaseo, ¡qué manantial tan inagotable de riquezas no abrirían a nuestro país centenares, miles de aquellos ricos huéspedes, que, huyendo del monótono espectáculo de su cielo nebuloso, y en busca de nuevas y gratas sensaciones, abandonan al caer del otoño las húmedas orillas del Támesis o los feudales castillos de la Escocia, embárcanse en Douvres con su familia, sus criados, sus perros, sus coches, sus muebles, sus vestidos y sus guineas, y descargan como nubes benéficas (aunque un tanto incómodas al que no ha de disfrutar de su rocío), ya sobre las frondosas orillas del Loira y del Garona, ya sobre las pintorescas cumbres y las benéficas aguas del Pirineo francés; o atraviesan los Alpes, y van a invernar como en una estufa en las islas de Hieres, o en las bellas ciudades de Niza, Pisa, Florencia o Nápoles! Para todas aquellas afortunadas regiones la venida de los ingleses (y entiéndase que llaman ingleses a todos los extranjeros ricos) es un verdadero maná, una periódica cosecha que aguardan con impaciencia, como nuestros labradores el Sol de agosto o las plácidas lluvias de abril. Si halláramos medio, repito, de desviarlos de su rápido e inmemorial itinerario; si por ventura al contemplar el Pirineo pudiéramos hacerles desechar todo temor de peligro o de sinsabores, y empeñarles a atravesarlo y visitar las hermosas y pintorescas provincias Vascongadas, las severas Castillas y la animada capital del reino, el pensil de Aranjuez, la frondosa Sierra-Morena, Córdoba la oriental, la imperial Sevilla y deliciosa Cádiz, las árabes Granada, Málaga, Almería y Valencia, la industriosa Barcelona, en fin, y su bellísima costa, para continuar luego por Marsella el resto de su círculo; ¡cuántos y cuántos, prendados de los encantos de nuestro suelo, darían por satisfecha su curiosidad, por colmada su admiración, y renunciarían gustosos a ver más, repitiendo sus visitas o fijándose entre nosotros, y desplegando su gusto y su magnificencia en los cármenes de Granada, o en las deliciosas márgenes del Betis!...

Todas estas y otras muchas consideraciones bullían aún en mi imaginación, cuando al siguiente día, subido a lo alto de las torres de la antigua y célebre catedral de Tours, veía desplegarse en mi derredor el rico panorama de su campiña, semejante en lozanía a los que desde las alturas del Miguelete o la Giralda me ofrecieran la huerta valenciana o las orillas del Guadalquivir; pero muy superior a ellos en la animación y riqueza que le presta el innumerable caserío que en una extensión de algunas leguas se alcanza a ver, y hace aparecer mezquino a su lado el considerable recinto de la ciudad.

La catedral, como todas o la mayor parte de las francesas del género llamado gótico, ostenta una imponente masa, una rica portada, y dos elegantes torres de delicado trabajo; pero en el interior ofrece la misma desnudez, el mismo no sé qué de yerto y cadavérico que suele observarse por lo regular en la mayor parte de los templos franceses. Bajo este aspecto ¡cuánta es la superioridad de nuestro país sobre aquel! Nuestras catedrales no solo son delicadas páginas del arte ofrecidas a la imaginación del viajero; no solo son museos riquísimos de todas las épocas, de todas las aplicaciones del genio; no solo son tesoros de riqueza donde se ostenta la piedad y la poética imaginación de nuestro pueblo; sino que son también dignos altares del Altísimo, por su religioso recogimiento, su olor de incienso, los cánticos que resuenan constantemente bajo sus bóvedas, las antorchas que lucen en sus altares, las efigies que ocupan sus capillas, y el pueblo numeroso que reza arrodillado a sus pies. Díganlo Toledo, Burgos, Sevilla, León, Santiago, Tarragona, y todas las demás que pudiéramos citar. En los templos franceses, si se contempla la fachada y se sube a la torre, se ha visto el templo bajo el aspecto del arte; si se atraviesa un friísimo y desierto salón cubierto de sillas vacías y guardado por un portero (suisse) con su gran banda, bastón en mano, y sombrero de tres picos encajado en la cabeza, se ha contemplado la iglesia bajo el aspecto de la religión.

Regresé, pues, a mi hotel de la Bola de Oro a tiempo que sonaba la campana, señal de principiar la comida; y supuesto el ofrecimiento que tengo hecho a mis lectores, aprovecharé aquí la ocasión de borrajear la escena que ofrece una de estas mesas redondas conocidas allá con el nombre de Table d'hóte.

Al sonido de la ya dicha apelativa campana fueron descendiendo de sus habitaciones hasta dos docenas de huéspedes viajeros, de todos los sexos y procedencias posibles. Los ingleses, como es de suponer estaban en mayoría (porque a cualquier parte del mundo a donde uno se dirija, siempre ha de hallarlos con abundancia; gracias a la fecundidad de las severas hijas de Albión). Distinguíase entre ellos una especie de obelisco humano, que empezando en dos botas de charol, iba a concluir a trescientas varas sobre el nivel del mar, en una calva reluciente, con algunos restos de cabellera, en otro tiempo rubia. A la altura de Su Gracia (porque por algunos trozos de la conversación inferí que aquel telégrafo ambulante era uno de los cientos y tantos pares que funcionan en el alto parlamento) se elevaba una jirafa con gorra de plumas, que según pudimos advertir no era otra cosa que el inglés-hembra, y ambos formaban el par completo, subdividido después hasta en el número de siete, por otros tantos specimen de la misma hechura, aunque de diversos metros y grados de desenrollo, los cuales venían a ser los frutos y renuevos de aquellos dos altísimos y sepulcrales cipreses. Frontero de mí se veía un rotundo alemán, especie de mecánica roulante que andaba de pueblo en pueblo aplicando sus grandes conocimientos en tórculos, émbolos, y cilindros a todos los brazos de todos los ríos, a todas las ruedas de todas las máquinas que encontraba a su paso. A mi izquierda sentaban dos amas, madre e hija, primera edición ajada y añeja aquella, segunda flamante corregida y enmendada ésta; tipo móvil y vivo de las modas de la rue Vivienne y de la Chanseé d'Antin, en quien luego reconocí a la misma artista parisién que había oído en el teatro la noche anterior, y cuya celebridad (aseguraba el cartel) se extendía desde las orillas del Newa hasta la embocadura del Misisipí, aunque creo que pasaba de incógnito por el espacio que media entre ambos ríos. Tres jóvenes bulliciosos y resueltos, de negras y rubias barbas, de flexibles y rizadas melenas, vestidos de cien colores, adornados de cadenas y sortijas hasta la punta de la nariz, representaban en aquella mesa la alegría francesa y los intereses del comercio y de la industria. Comisionistas-viajeros de las fábricas, se dirigían con sus grandes carteras de muestras el uno a París, el otro a Nantes, el tercero a Bayona; y al paso que la muestra de sus telas y artefactos solían dejar también la de sus caracteres, desplegados franca y bulliciosamente en atronadora conversación, o en episódicos amores y grotescas aventuras con todas las Maritornes hosteleras, con todas las muñecas de almacén. Vida alegre y peregrina cuyo recuerdo conservan aún, cuando ya blanqueada por los años su cabellera y llenos por su industria los cofres, dan suelta a la bandada de sus numerosos dependientes, para que sigan la fama de su comercio y las trazas de su cortesanía.

Había además en la mesa un médico homeopático de Berlín que iba visitando hospitales y haciendo nuevos experimentos de matar por simpatía. Un filántropo humanitario, de Nueva York que andaba investigando los medios de guillotinar al prójimo con más comodidad, o de encarcelar a sus semejantes sin luz, sin habla, sin aire, y sin alimento. Un doctor en teología de la Sorbona, que por fruto de sus meditaciones había acabado por convencerse de que él era una segunda edición del Mesías, y venía a Tours a establecer una cátedra de salvación a tanto al mes. Dos periodistas parisienses que se dirigían a Tulle para asistir al célebre proceso de Madame Lafarge, de aquella alma cándida, de aquella mujer no comprendida que acababa de robar unos diamantes por entusiasmo y envenenar a su marido por puro amor. Los demás asistentes a la mesa hemos dicho ya que llevaban todos el sello de la fábrica de London; cuál perteneciente al género dandy; cuál al de gentlemen; éste al de baronet, aquella al de lady; estotra al de simple miss; y todos, por lo regular, venían a Tours tan solo por el gasto de apuntar un nombre más en sus libritos de viaje, o por tomar un baño en el Loira, el segundo en Bañeras, el tercero en Niza, y el cuarto en el Tíber, y luego subirse al Vesubio para enjugarse; o correr después leguas y más leguas para llegar a tiempo de disputar el premio en las carreras de New-Market. No hay pues que decir si con tan heterogéneos elementos ofrecería la mesa una escena curiosa, que yo traducía mentalmente al español, como único representante en aquel teatro del habla de Cervantes y de los garbanzos de Castilla.

Pero casualmente éste de la mesa es un punto en que todas las naciones se parecen; quiero decir, que en cuanto al mascar y engullir no ofrecía nada de nuevo, pues la igualdad ante la ley del apetito todo lo nivela, y ni el inglés echaba de menos su beasteak y su plom puding, ni el alemán su choucroute, ni el americano sus ananas, ni el español su olla podrida. El lenguaje general era el que hubiera usado una comisión de operarios de la torre de Babel después que les sucedió aquel trabajo; mas en cuanto a pedir el plato al compañero, todos hablaban corrientemente el francés, y nadie dejaba en el tintero el s'il vous plait y el pardon de costumbre. Las diversas fracciones se subdividían después en varios apartes. Los ingleses hablaban de política con el americano; el médico prusiano hablaba de gases con el alemán; las inglesas no hablaban de nada, y los comisionistas franceses hablaban de todo. El Mesías novísimo intentaba inocular sus doctrinas en el alma de la actriz; y la madre de ésta me había tomado por su cuenta para averiguar si en España las mujeres llevan un puñal por abanico y los hombres un trabuco por bastón. Pero todos callábamos cuando comíamos (que eran los más de los ratos), hasta que acabado el servicio cada uno se fue eclipsando sans façon y sans compliment (dos santos de aquella tierra, muy santos y muy buenos, pero muy mal criados), quedando solo en la mesa los ingleses, sin duda para enjugarse con unas cuantas botellas de Jerez y del Rhin.

Sería repetir lo ya dicho si hubiera, de trasladar aquí las gratas sensaciones que experimenta el viajero atravesando el delicioso jardín de la Turena, siguiendo las magníficas orillas del Loira que mira siempre correr a su derecha, y costeando las pintorescas rocas que bordan el valle por la izquierda, a cuyas faldas se elevan una infinidad de edificios campestres, ingeniosamente combinada su arquitectura con la desigualdad del terreno, y cuyas rocas forman en muchas de ellas parte de sus murallas; y todo esto por un número considerable de leguas hasta llegar a cansar la vista y fatigar la imaginación. Viene luego el soberbio camino elevado, conocido por el nombre de leveés de la Loire, el cual sirve también de dique para contener las aguas en tiempos de crecida, y tiene veinte y dos pies de altura sobre el río y veinte y cuatro de espesor. Pásase después, aunque rápidamente, por la antigua y célebre ciudad de Blois, célebre en la historia de Francia por sus turbulentos estados y la muerte del duque de Guissa, y continúa luego el camino, siempre animado por la presencia del Loira y la hermosa vegetación de la campiña, por la riqueza de sus pueblos, caseríos y antiguos chateaux, (entre ellos el de Chambord, célebre mansión de Francisco I, hoy propiedad del duque de Burdeos), hasta llegar a la populosa ciudad de Orleans, notable por su extensión, hermosa catedral y otros edificios antiguos, y más que todo por ser la patria de la célebre doncella guerrera Juana de Arco, cuya estatua de mármol se eleva en un sencillo monumento colocado en la plaza Mastrois.

Orleans dista solo treinta leguas de París, y a cada paso que adelanta va sintiendo el viajero la inmediación de la ciudad gigante, del gran emporio de la cultura y civilización del continente europeo. Los pueblos y caseríos que se suceden, van tomando un aspecto aún más importante y activo; los caminos se miran cubiertos de una multitud de carruajes de todas formas, de viajeros de todos los países; con los castillos y casas de placer alternan ya a cada paso las inmensas fábricas, los grandes establecimientos de educación y de industria; las carreteras más cuidadosamente reparadas, la propiedad más subdividida, los cercados más frecuentes, los más mínimos trozos de terreno aprovechados por la industria; todo da bien a conocer la importancia y el valor del país que se atraviesa; hasta que, al llegar a Bourg la Reine, la imaginación se reasume ya y encierra en este solo nombre... PARÍS.

Con efecto, el viajero tiene delante de si allá en el fondo de tan animado cuadro, aquella colosal ciudad, ensueño de su imaginación, objeto de sus deseos. Todos los monumentos que le salen al paso, todos los sitios que pisa le son ya conocidos de antemano por los cuadros del artista o por las relaciones del viajero; y sin necesidad de preguntar a nadie, adivina y reconoce que aquellos arcos monumentales que mira a su derecha, son los del acueducto de Arcueill; que aquellos palacios y bosques que tiene a su izquierda, son los de Meudun y de Saint Cloud; que aquel severo edificio que descubre en el fondo, es el hospicio y castillo de Bicetre; que aquella inmensa cúpula que se destaca en la altura de la ciudad, es la de Sta. Genoveva, hoy Panteón Nacional; que aquellas dos torres paralelas a su inmediación son las de la iglesia de San Sulpicio; y más allá las otras dos célebres de la catedral de Notre Dame; mira campear a su izquierda la elegante cubierta del domo de los Inválidos; admira en el último término la masa gigantesca del arco de la Estrella; y reconoce en fin que aquella verja que se abre delante de él es una de las entradas o barreras de París (la barrera llamada del Infierno), y que un giro más que dé la rueda de su coche, le da ya en el recinto de la inmensa capital.

VI. París

Pretensión exagerada parecería, y seríalo en efecto, la de querer bosquejar el inmenso cuadro que bajo todos títulos ofrece la capital de Francia, reducido a las mínimas dimensiones de unos apuntes de viaje, escritos más bien para entretener los ratos de cansancio y la ausencia de los amigos, que para dar a conocer, a los que no lo hayan visto, la gran importancia, el mágico embeleso de aquella gigantesca capital. Empero entre aspirar a tamaño resultado, y el más modesto de recrear la memoria propia, y excitar algún tanto la curiosidad ajena, permítaseme el haberme decidido por este último extremo, y arriesgar solo aquí las propias impresiones a la vista de tan singular espectáculo, sin que sea lícito pedirme cuenta más que de lo que diga, y no de modo alguno de lo muchísimo que dejaré por decir.

Empezando, pues, mi agradable tarea por el aspecto material de la ciudad, todo el mundo sabe que la antigua Lutecia de los Gaulas estuvo reducida en su primitivo origen a una isleta formada par el río Sena, que subsiste todavía, y es conocida hoy por el nombre de la Cité, agregándosela sucesivamente otras dos pequeñas (la de San Luis y la de Luvois). Más adelante, andando los tiempos, y no cabiendo ya la población de Lutecia en tan estrechos límites, se extendió por ambas orillas del río, aumentándose sucesiva y prodigiosamente en términos que puede decirse que hoy la principal cuna de aquella metrópoli, apenas es apercibida entre la inmensa extensión de las otras dos poblaciones a derecha e izquierda del Sena. Este río, pues, encerrado en el medio, y atravesando hoy la ciudad por toda su extensión, es la arteria principal, la marcada línea entre sus tres principales divisiones; y la separación que ella establece, no solo se hace sentir en la material fisonomía de las construcciones, sino también en la social y política de su población; así vemos que la de la parte septentrional, o sea las Tullerías y la Chauseé d'Antin está más especialmente habitada por la corte y el comercio; la meridional, o sean los cuarteles de San Germán y de La universidad, son el patrimonio de la antigua aristocracia y de las escuelas; y el centro correspondiente a las islas, y en donde se hallan situadas la Catedral y el palacio de Justicia, es más especialmente habitado por el clero y la curia.

Reunidas, pues, estas tres divisiones, componen la asombrosa mole de siete leguas de circunferencia, cubierta con cuarenta y seis mil edificios, cortada por mil doscientas calles, y poblada con cerca de un millón de habitantes. Una muralla sencilla rodea su recinto, y está interrumpida por cincuenta y ocho entradas llamadas barreras, a las cuales vienen a convergir todos los caminos capitales del reino. Veinte y dos puentes sobre el río (entre los cuales los hay de primer orden por su solidez y elegante construcción), establecen las comunicaciones entre tan apartados barrios. El terreno sobre que está situada la ciudad es generalmente llano, a excepción de algunas pendientes a los extremos hacia el Panteón y la puerta de San Dionisio.

Además de la división central marcada por el río, hay otra en la parte septentrional de la ciudad, establecida por los hermosísimos paseos conocidos por los Baluartes (Boulevards), y abiertos sobre el terreno por donde un día corría la fortificación de la ciudad; los cuales describiendo en su extensión de unos ocho mil pasos una inmensa curva desde la plaza de la Magdalena a la de la Bastilla, subdividen la parte más importante y vital de París (que es la comprendida s la derecha del Sena) en dos grandes porciones, que pueden llamarse nueva y vieja: campean en aquella la moderna aristocracia mercantil, con toda su magnificencia, y ostenta en ésta su inexplicable actividad la industria y el comercio de detalle. Las calles principales, o siguen paralelas las dos grandes líneas del río y los baluartes en una prodigiosa extensión, o las comunican entre sí desde uno al otro extremo de la ciudad, estableciendo así un plan bastante uniforme y no difícil de comprender por el forastero.

Éste, al llegar a París por la parte de Arcueill (como a mí me sucedía esta vez), no tiene por el pronto que felicitarse mucho de la primer impresión que le produce aquella ciudad; pues atravesando por largo rato calles estrechas, sucias y oscuras, aunque de una extensión desconsoladora; contemplando la triste y sombría mole de las casas, por la mayor parte viejas y ennegrecidas por el tiempo y la humedad del clima, y mirándolas animadas por una población que, aunque activa e industriosa, parece revelar los rigores de la miseria, se hallará por el pronto desencantado de sus ilusiones; creerá fallidas sus brillantes esperanzas, y se vengará en silencio de las encomiásticas relaciones de los viajeros, maldiciendo de todo corazón su bondadosa credulidad. Pero aguarde con paciencia el recién llegado; siga con la imaginación y con la vista el curso de su carruaje; salga en fin del embrollado caos del país latino (barrio de la Universidad), dé vista al río; atraviese el puente Nuevo; y si tanta es su fortuna que en aquel punto y hora la inmensa multitud de carruajes que te cruzan obliga a detenerse algunos minutos al suyo, asome entonces la cabeza nuestro viajero, y extienda la vista de uno y otro lado, y siguiendo los gigantescos brazos de la ciudad, contemple, si puede, delante de sí el romántico palacio de las Tullerías y sus bellos jardines; la magnífica fachada del Louvre y su elegante columnata; la interminable serie de hermosas casas que bordan los fuertes diques del río; la bella perspectiva de los puentes; el antiguo Hotel de ville (casa de ayuntamiento), y la torre de Santiago, limitando el cuadro a su derecha; el obelisco Egipcio, y el arco triunfal de la Estrella a su izquierda. Por el opuesto lado del río podrá abarcar su vista los palacios del Instituto y de la Moneda, los del consejo de Estado y la Cámara de diputados, las elegantes cúpulas de los Inválidos y el Panteón; y en medio del río la hermosa isla, que parece una ciudad flotante, que arrancando en el mismo puente sobre que situamos al espectador, concluye ostentando entre las nubes las sombrías y majestuosas torres de la catedral (Notre Dame).

Ignoro si el viajero se dará por satisfecho con esta primera inspección; pero me persuado de que no sera así; antes bien creo que siéndole imposible desprenderse todavía de sus ensueños (que nunca se parecen a la realidad), y calificar a un solo golpe de vista tan vario y magnífico espectáculo, cederá por el momento a un embrollo de los sentidos, a un aturdimiento de la imaginación, de que no sepa darse cuenta, pero que le impide gozar del cuadro majestuoso que le rodea. Más adelante, y después de calmada esta primera e indefinible sensación, luego que, guiado por un cicerone inteligente, haya podido recorrer en su inmensa extensión las regias calles del Rivoli, Castiglione y la Paz; las animadas de Montmartre, San Dionisio y San Martin; las elegantes e industriosas de Richellieu, Vivienne y San Honorato; las opulentas y aristocráticas de la Chauseé d'Antin y del cuartel de San Germán; luego que, situado en la magnífica plaza de la Concordia, vea ostentarse en derredor suyo los principales palacios, jardines, paseos y monumentos públicos del París moderno; luego que haya recorrido la doble fila de diques que bordan el río, animados por una población numerosa y vital; luego que seguido la interminable línea de los Baluartes desde la moderna columna de las víctimas de julio hasta el magnífico templo griego de la Magdalena, espectáculo único en su género por su movimiento y suntuosidad; luego que del opuesto lado del río haya admirado el soberbio Panteón, el cuartel de Inválidos, el palacio y jardines de Luxemburgo, y el delicioso Botánico; la catedral de Nuestra Señora, y el palacio de Justicia en la isla central; los de las Tullerías y el Louvre, la columna de Napoleón, la casa de Ayuntamiento, la Bolsa, el arco de la Estrella, y otros mil monumentos de primer orden a la orilla derecha del Sena; luego que haya visto de noche este extenso cuadro alumbrado con infinidad de faroles alimentados por el gas; luego que haya recorrido las encantadoras galerías (passages) de Vivienne, Colbert, Saumon, Choiseul, Panoramas, Vero-dodat, etc.; luego, en fin, que haya contemplado las bellísimas arcadas que rodean el jardín del Palacio real de Orleans, y hallado en ellas el más magnífico bazar, la exposición más rica de industria que existe en el mundo; entonces y solo entonces podrá decir el viajero que ha hallado el París que busca, el París magnífico, el París animado e industrial que soñaba su fantasía. Aconsejémosle, pues, que no pretenda calificar de pronto tantos y tan variados objetos; que no ceda al entusiasmo ni a la fatiga que su vista le produzca, y que, reducido en lo posible a una observación meramente pasiva, aguarde a que el tiempo venga a colocarle en el verdadero punto de vista desde el cual ha de examinarle.

Sin apartarme por ahora de la rápida inspección material de aquella ciudad, solo diré que en su conjunto no puede afirmarse, sin embargo, que sea una población bella, una agradable perspectiva. Y esto por varias razones. La considerable extensión de su recinto, poblado y engrandecido en diversas épocas y bajo el influjo de distintas civilizaciones, revela en sus varios cuarteles el sello peculiar de cada una, y por consecuencia ninguna calificación absoluta puede admitirse para el conjunto general. Si penetramos, por ejemplo, en los barrios centrales del antiguo París, hallaremos un laberinto inexplicable de calles estrechas y tortuosas, de casas altísimas e informes, por cuyas ventanas no penetró jamás la luz del Sol, cuyas fachadas ojivas y maltratadas por los rigores del tiempo ofrecen un desgraciado prospecto de aquella época tan encomiada en nuestros días por los poetas y novelistas; de aquella edad media, en que la humanidad se dividía en siervos y tiranos; en que los feudales castillos, los suntuosos palacios de éstos, dominaban desde su altura las miserables chozas donde vegetaban aquellos a su servicio; en que las disensiones de las familias patricias, en que las luchas de señor a señor, convertían sus vasallos en guerreros, sus palacios en fortalezas, sus tortuosas poblaciones en reductos y emboscadas, donde mutuamente se defendían de las bruscas agresiones de sus contrarios. La civilización, emancipando a la humanidad de tan vergonzoso yugo; elevando, la inteligencia a un alto grado de esplendor; revelando al hombre su dignidad, y dándole a conocer los goces que la vida podría ofrecerle, vino a variar el aspecto material de los pueblos; y las ciudades modernas, borraron sucesivamente las ominosas trazas de su antiguo barbarismo, ostentan hoy una comodidad, un lujo, un halagüeño aspecto, que podrá si se quiere parecer monótono y prosaico a aquellos hombres excéntricos, que gustan de trasladarse con su imaginación y con su pluma a las épocas nebulosas y a los contrastes marcados; pero que no por eso dejará de obtener la aprobación de la generalidad de los vivientes, inclinados a atravesar más dulcemente su peregrinación en la tierra.

El París de Luis onceno y de Enrique cuarto va sin embargo desapareciendo rápidamente ante las poderosas exigencias de la moderna civilización, y hoy solo conserva como documentos de la antigua algunos barrios tortuosos, algunas calles sombrías, algunos edificios públicos que su importancia hace respetables; y extendiendo además sus límites hasta un término que no pudieron nunca soñar sus antiguos fundadores, ostenta sobre ambas márgenes del Sena cuarteles inmensos, calles interminables, derechas, uniformes, amplísimas, cubiertas de edificios de elegante forma, fuertemente enlosadas con piedras cuadrangulares que ofrecen a los carruajes una superficie unida y sólida, con anditos o aceras para comodidad de los transeúntes, alumbradas de noche por el gas, disimulados con ingenioso cuidado los desniveles, cortadas las esquinas con inteligencia, proporcionados a su término los bellos puntos de vista y la fácil comunicación. Y digan lo que quieran Víctor Hugo y su comparsa de imitadores, esto vale más que las tortuosas avenidas de la Cour des miracles (hoy convertida en una bonita plaza), y que las puertas ojivas, hora sustituidas por dóricas columnas, por elegantes balaustradas, por amplios y cómodos peristilos.

Queda sentado arriba que París, considerado en conjunto, no puede llamarse una ciudad bella; pero es preciso explicar ante todas cosas lo que nosotros los habitantes del mediodía llamamos una hermosa ciudad. Ante todas cosas nuestros ojos, acostumbrados a una atmósfera pura, a un Sol brillante, buscan en el conjunto de una población esta diafanidad del ambiente, esta armonía de los colores que solo hallamos en nuestro clima. Los objetos más insignificantes embellecidos, las distancias más extensas aproximadas, adquieren por el reflejo de nuestro claro Sol una entonación de colorido, una armonía de agrupación, que en vano buscaremos en donde las nubes y la bruma ejercen un imperio casi constante, y imprimen a todos los objetos un aspecto anticipado de vejez. Así que, considerado París desde una elevada altura, solo ofrece una inmensa masa de sombras cenicientas, una agrupación de picos grises o negros, una montaña, en fin, de pizarras, en cuyo fondo mate y sombrío vienen a apagarse los débiles rayos del Sol; las calles, aunque anchas y largas, no permiten tampoco a la vista disfrutar toda su extensión, por la opacidad de la atmósfera en la mayor parte del año; y los objetos lejanos de importancia, las torres, los arcos triunfales aparecen como encubiertos con una gasa más o menos espesa, que por otro lado no deja de prestarles cierto realce y misteriosa hermosura. Resultas de esta constante humedad es el color sombrío que adquieren muy pronto los edificios, en términos de llegar a ennegrecer completamente los de piedra, y dar lugar en los intersticios de sus labores a un musgo verdinegro, que a nuestros ojos no puede menos de desfigurarlos. Así, por ejemplo, la fachada de la Catedral, la columnata del Louvre, el palacio de las Tullerías, el de Justicia y el antiguo Hotel de Ville, no ejercen sobre nosotros aquel efecto que acaso nos arrebató cuando los contemplábamos pintados; y por eso la Bolsa, la Magdalena, el consejo de Estado y el Arco de la Estrella, como edificios más modernos, y que todavía han podido resistir a la acción de la atmósfera, nos agradan y seducen más.

Las fachadas de las casas son por lo general sencillas y monótonas en su distribución y colorido, y carecen también a nuestros ojos de aquella parte vital que prestan a las nuestras sus balcones salientes, y sus extravagantes colorines. En climas menos templados, el balcón no es como entre nosotros una necesidad; las ventanas permanecen constantemente cerradas, y la forma exterior tiene que acomodarse a las exigencias de la comodidad de los habitantes, más bien que al agrado del transeúnte. Pero en cambio las casas de París no presentan las formas extravagantes de muchas de las nuestras, ni sus mezquinos tejados de barro, ni los prolongados aleros, ni los incómodos canalones, ni sucios portales y oscuras escaleras, informe y poco cómoda distribución interior. Aquéllas, en los barrios mercantiles, tienen en su planta baja tiendas cómodas y espaciosas, generalmente adornadas en su exterior con caprichosas portadas de madera pintada; un portal más o menos capaz, pero limpio y bien enlosado; una escalera de madera construida en espiral con rara inteligencia, aunque a decir la verdad no con gran comodidad, por el corte que da a los peldaños la forma circular de la caja de la escalera; una distribución discreta y apropiada de todas las habitaciones; y una entendida economía de las luces, de la ventilación y de los conductos de las aguas, que harían bien en estudiar muchos pretendidos Vitrubios, cuya rara inteligencia se limita a hacer grandes salones, o imperceptibles celdas; pegar columnas a las fachadas y repisas a los balcones, sin cuidar ante todo de que el edificio responda o no a su objeto, y de que sus habitantes disfruten la mayor comodidad posible. ¿Qué dirían si vieran las casas de los barrios mercantiles de París, taladradas muchas de ellas en el interior de las habitaciones para dar paso a elegantísimas escaleras espirales de caoba, de hierro, de bronce, y hasta de cristal, que prestan comunicación entre los almacenes del piso bajo y los superiores; si observaran otras sostenidas por delgados pilares de hierro para dar más elegantes entradas y majestuoso aspecto a las tiendas y cafés; si mirasen construir en algunas puentes de hierro sobre los patios para comunicarse las habitaciones superiores; si viesen en las más penetrar por bajo del pavimento de la calle, y proporcionar allí espacios para las cocinas y otras necesarias dependencias? Sin duda llevarían a mal el ver adornar frontispicios con ventanas circulares, u ojivas, aplicar a ellas columnitas o estatuas, triglifos o festones, según el gusto de cada cual, sin cuidarse de si Paladio lo prohibió, o Vignola lo consiente, y hacer en el interior aquella distribución más análoga al carácter del habitador, sin obligarle a que por fuerza haya de tener una sala terminada por dos gabinetes, flanqueados por dos alcobas, éstas por dos pasillos, éstos por dos dormitorios bien fríos y bien oscuros, los dormitorios por un comedor, éste por una cocina, la cocina por una despensa, y entre ambas colocado oportunamente el malhadado recinto que más lejos debiera estar. ¿Merecerían también su desaprobación los portales sin basureros y sin urinarias (vistámoslas de romano para mayor decencia), algunos ricamente enlosados de mármoles, de relieves de estuco y espejos? ¿unas escaleras dependientes de su caja, unas habitaciones ensoladas de madera, unas paredes proporcionando espacio para las chimeneas, los tejados empizarrados, las buhardillas cómodas y hasta elegantes?

Si pasando de los barrios industriosos nos dirigimos a los opulentos y aristocráticos de la Chauseé d'Antin y San Germán, hallaremos allí una serie interminable de verdaderos palacios, de regios edificios, a donde se ostenta la elegancia y la opulencia de sus dueños. Muchos presentan alineadas a la calle sus soberbias fachadas, otros solamente una espaciosa puerta, que da entrada a un jardín, o vestíbulo, en el fondo del cual se descubre el bello palacio del magnate, el elegante casino del artista o la opulenta mansión del comerciante acaudalado. Formas griegas y romanas, de la edad media y del renacimiento, árabes y rusas, Villas italianas, Kiosques chinescos, pabellones orientales y clásicas columnatas; todo alterna osadamente en estos sitios, según el gusto particular de cada dueño; y por ello nadie pone la voz en el cielo; ni las academias lanzan sus anatemas; ni el ayuntamiento arma pleitos; ni los arquitectos se escandalizan; ni unos ni otros cuidan más sino de que la calle quede alineada; que el paso esté expedito; que el edificio ofrezca solidez; y que no tengan, en fin, ninguno de aquellos inconvenientes que el interés general tiene derecho a impedir al interés privado.

En los edificios públicos ya es otra cosa; y es preciso confesar que los arquitectos parisienses pueden presentar con orgullo en todas las épocas obras de la mayor importancia arregladas al gusto y a los severos preceptos del arte. Ni es de mi propósito, ni está a mis alcances, el hacer un análisis de ellas; pero son harto conocidas y prodigadas sus descripciones para que haya necesidad de hacer una más. Los antiguos templos de Nuestra Señora, los Inválidos, y San Germán l'Auxerrois, el magnífico palacio del Louvre, los del Instituto, la Moneda y otros muchos, las obras modernas del Panteón, la Bolsa, la Magdalena, el consejo de Estado, el arco de la Estrella, los puentes de Jena y Austerliz, son obras que ciertamente no hubieran desdeñado los griegos ni los romanos, y tanto que solo se ofrece acaso que censurar en ellas la rígida imitación de los monumentos de aquellos pueblos, y tal vez la poca analogía de los edificios con el objeto a que están destinados, con las diversas creencias, las distintas necesidades de la moderna civilización. Por ejemplo (y sea dicho sin acrimonia) a mi modo de ver, no hallo razón por la cual habiendo de edificar una iglesia destinada al culto de un Dios único, misterioso, sublime, se adopten las risueñas formas tan adecuadas a la griega mitología; que se transforme el templo de Teseo en iglesia de Magdalena la penitente, y sus relieves de triunfos humanos en otros que representan la misericordia del Redentor. Tan ridículo aparece también a los ojos de la filosofía una Bolsa de comercio bajo la forma del Partenón; una rotunda romana para servir a un mercado de trigo; otro templo griego hecho teatro, y hasta con su nombre griego de Odeón. Pero prescindiendo de este rigorismo clásico, no puede negarse a los arquitectos franceses un atrevimiento en la concepción y ejecución de aquellas gigantescas obras, que prueban sus sólidos estudios, y la conciencia con que cultivan el arte.

El empedrado de las calles de París, sólido, unido y formando una ligera curva con su elevación en el centro, es en extremo cómodo para el paso de carruajes, aunque los regueros que se forman en ambos lados y a la inmediación de las aceras no dejan de ser bastante incómodos a pesar de la inmensa multitud de conductos que impiden la aglomeración de las aguas. Pero este inconveniente va a ser remediado por un nuevo sistema que se halla ya puesto en práctica en las calles Vivienne y de Montesquieu, el cual consiste en echar dichos regueros por bajo de las losas o aceras elevadas, con lo cual aún en tiempo de las mayores lluvias no se verá en las calles ninguna corriente de agua. Las ya dichas aceras son de una anchura conveniente respecto a la de la calle, de losas anchas de piedra o asfalto (especie de betún arenoso petrificado, de que se hallan además cubiertas muchas plazas y paseos), y presentan por su ligera elevación un abrigo contra los peligros que de lo contrario acarrearía el continuo paso de carruajes. La limpieza de las calles se verifica con asombrosa rapidez, si se atiende al inmenso recinto de la ciudad, y únicamente cuando sobrevienen las grandes lluvias o nieves de invierno es cuando realmente y por algunas horas se ponen intransitables. El alumbrado público ya queda dicho que es por medio del gas, en lo principal de la ciudad, y además está reforzado considerablemente con la profusión de luces que ostentan las tiendas; pero las calles apartadas y lejanas del comercio permanecen aún poco menos que a oscuras con sus sombríos reverberos colgados de tarde en tarde en el centro de la calle. La numeración es fácil y cómoda por el método adoptado también en Madrid, de los pares a la derecha y los impares a la izquierda, y creciendo o decreciendo según la proximidad al río. Y la policía urbana, en fin, numerosa, vigilante y activa imprime a todo aquel conjunto una marcha constante, y conciliadora de la pública comodidad.

No se permite allí como en nuestro Madrid a los dueños de obras particulares embarazar el paso con grandes hacinamientos de escombros, cortes de maderas o preparaciones de la cal; tampoco se ven ostentadas al aire en ventanas y balcones las ropas recién lavadas; ni se tolera a los perros andar sueltos bajo su palabra; ni a las cabras echarse a pastar en medio de las calles y plazuelas; ni se ven grupos de mendigos ostentando sus llagas, o pidiendo con voces lastimosas; ni tropas de muchachos arrojándose guijarros, ni guijarros tampoco sueltos que pudieran arrojarse aunque quisieran; ni acémilas enormes cargadas de sanguinosas reses o de serones de pan; ni barreños de agua vertidos ex-abrupto a los pies del transeúnte; ni cuadrillas de jumentos portadores de ladrillos retozando en bulliciosa alegría; ni fornidos atletas pesando carbón, o cargándose sobre sus hombros una casa entera. El reparto del agua, del pan, de la carne y demás provisiones de boca, de los materiales para las obras y de los muebles en las mudanzas de casa, se hace por medio de carros, enormes unos, apenas perceptibles otros, tirados aquéllos por vigorosos caballos, empujados éstos por niños, mujeres y hasta perros, que los hacen rodar sin gran trabajo por el buen empedrado y lo llano de las calles.

La ocupación constante de toda la población, las grandes distancias, y por consecuencia la prisa que a todos ocasionan, la rigidez del tiempo en la mayor parte del año, y el peligro, o más bien la imposibilidad de permanecer parado en donde todo se mueve, son causas bastantes para que no se formen en aquellas calles y plazas esos numerosos grupos de gentes baldías que atestan las nuestras, y de que todo presente allí el aspecto de la animación y el movimiento. Pero este punto del París vital merece por sí capítulo aparte; bástenos por hoy el haber borrajeado ligeramente el lugar de la escena, dejando para los días sucesivos el cuadro animado, las heterogéneas semblanzas de los actores.

VII. París

No es ciertamente la inmensidad de las calles, ni la belleza de los monumentos lo que más admira el forastero cuando llega a pisar a París; es, sí, la animación y movimiento de su población, el espectáculo de su vida exterior, el contraste armonioso de tantas discordancias en costumbres, en ocupaciones, en caracteres; la constante lucha del trabajo con la miseria, del goce con el deseo; el pomposo alarde de la inteligencia humana, y el horizonte inmenso de placeres que el interés y la civilización han sabido extender hasta un término infinito.

Preciso es convenir, sin embargo, que muchas de las que se llaman comodidades de la vida parisiense, no son otra cosa que medios inventados para destruir obstáculos, para satisfacer necesidades que en otros pueblos no existen; y que por lo tanto lo más que consiguen es nivelarle con aquéllos en cuanto a la satisfacción de tal o tal necesidad; mas no por eso debe dejar de admirarse los ingeniosos métodos con que algunos de aquellos obstáculos están neutralizados. La dificultad de la comunicación, por ejemplo, debería ser sin duda uno de los inconvenientes que ofreciera aquella capital; pues esta dificultad desaparece gracias a un servicio de correspondencia interior perfectamente organizado que permite comunicarse rápidamente por medio de multitud de estafetas colocadas en todos los barrios, y cuyas cartas se reparten de dos en dos horas. La rigidez del clima en mucha parte del año debería también hacer poco frecuentadas las calles, y paralizar en gran parte el movimiento de la población; pero para ocurrir a este inconveniente, un sin número de coches, berlinas, cabriolés de todas formas y gustos, estacionados en las plazas y calles, están prontos a conducir a los que los alquilan por días, por horas, o por un viaje solo. Aún más; los enormes faetones designados con los nombres de Omnibus, Damas blancas, Favoritas, Bearnesas, etc., pudiendo contener cada uno de catorce a diez y seis personas, se han repartido modernamente todas las grandes líneas de la ciudad, y recorriéndolas constantemente de diez en diez minutos, van recogiendo al paso a todos los que gustan subir, y todavía le franquean correspondencia con otra línea, de suerte que por seis sueldos (unos nueve cuartos) que es el precio de cada viaje, pueden recorrerse distancias enormes con toda comodidad. Para proporcionar paso entre dos calles principales, para dar más extensión al comercio y más elegancia a la ostentación de la industria mercantil, se establecieron las bellísimas galerías cerradas de cristal (passages) de que ya cuenta París más de doscientas, y al paso que de riquísimos bazares de comercio, sirven de grato recurso contra la intemperie y el bullicio de las calles. La inmensa afluencia de forasteros y gentes baldías ha dado lugar a miles de posadas y fondas magníficas, donde se halla satisfecho desde el más modesto deseo hasta el lujo más desenfrenado; y la falta de la sociedad íntima (casi imposible en pueblo tan extenso y agitado), ha dado lugar a un sin número de espectáculos públicos, o más bien a un espectáculo perpetuo para el que llega a faltar hasta el tiempo material. Por último, una bien entendida policía, ejerciendo su continua vigilancia, garantiza la seguridad pública y privada, satisfaciendo de este modo otra necesidad indispensable en un pueblo en donde al lado del lujo más asombroso, reina también la más horrorosa miseria; al lado de las virtudes más nobles, toda la depravación del crimen.

Hay en el idioma francés un verbo y un nombre que se aplican especialmente a la vida parisién, y son el verbo flaner, y el adjetivo flaneur. No sé como traducir estas voces, porque no hallo equivalente en nuestra lengua ni significado propio en nuestras costumbres; pero usando de rodeos diré que en francés flaner, quiere decir: «andar curioseando de calle en calle y de tienda en tienda», y ya se ve que el que tratara de flanear largo rato por la calle Mayor o la de la Montera, muy luego daría por satisfecha su curiosidad, porque en un pueblo sin industria propia, y que tiene que importar del extranjero la mayor parte de los objetos, debe ser reducido el acopio de ellos, y no dar materia a una prolongada contemplación. París por el contrario, es el más grande almacén de la moda, la fábrica principal del lujo europeo, y en sus innumerables tiendas vienen a reunirse diariamente todos los adelantos, todos los caprichos de las artes bellas y mecánicas; de suerte que por muy exigente que quiera ser la imaginación del espectador, todavía puede estar seguro de verla sobrepujada por la realidad; todavía se le presentarán objetos de tal primor que no hubiera imaginado en sus más caprichosos ensueños.

Esta actividad de la industria, este poderoso estímulo del interés, ha dado también ocasión a otra especialidad propia de París, que consiste en el arte, o más bien la coquetería con que todos aquellos objetos están expuestos al público en las portadas de las tiendas; gracia singular de que con algunas excepciones carecen todavía las nuestras, y aun las riquísimas de Londres pretenden en vano disputar. La necesidad de fijar obligadamente la vista del rápido transeúnte, y de decidir su voluntad fluctuante entre millares de objetos, establece entre ellas una lucha o rivalidad perpetua, de que viene a resultar un magnífico golpe de vista.

No basta solo al mercader parisiense ocupar con su surtido almacén todos los pisos de una casa; no le basta enriquecer su portada con decoraciones magníficas o extravagantes, adornar su entrada con elegantes puertas de bronce y con cristales de una dimensión y diafanidad prodigiosa; no le basta señalarle a la curiosidad con enormes y simbólicas enseñas, e iluminarle de noche con un gran número de mecheros de gas; es preciso también que sepa colocar diestramente en los ricos aparadores de su entrada todos los más bellos objetos de su surtido, presentados bajo su mejor punto de luz, y pendientes de cada uno de ellos sendas tarjetas con su precio respectivo. ¡Qué no inventan el capricho y el interés combinados para atraer por un instante la fugaz vista del pasajero; para despertar en él deseos que de otro modo no le hubieran ocurrido jamás! La rica joyería le ofrece una multitud de alhajas que bastarían a agotar el tesoro de un monarca, y al lado de las más preciosas materias, el arte le presenta su perfecta imitación; pero con tan superior maestría que solo puede convencerse de ella el que lo mira, cuando a un lado puede leer el letrero que dice: oro, plata, diamantes, y en el otro imitación de oro, plata y diamantes. Una relojería para estar allí decentemente adornada, necesita ostentar a la vista cuatrocientos o quinientos relojes de oro, de valor de doscientos a mil francos cada uno; y las fábricas de péndolas de bronce y mármoles las presentan también por centenares, de todos los tamaños, y de la más rara perfección. Los anteojeros y fabricantes de instrumentos físicos desplegan tal riqueza, que parece imposible que el poseedor de aquel capital tenga necesidad de trabajar más. Cada papeteríe es no bellísimo museo de curiosidades en objetos de escritorio, en carteras, albums, encuadernaciones y grabados; cada tienda de música un verdadero concierto de bellísimos instrumentos, lindos libros de canto y preciosas viñetas litográficas. Las librerías y gabinetes de lectura pueden llamarse bibliotecas, habiéndolas que cuentan con un surtido de cien mil y más volúmenes en todas lenguas aun las más extrañas, y el inmenso acopio de las nuevas publicaciones del día. Cada tienda de sastrería presenta tan asombroso surtido de ropas hechas, que pudiera bastar a un regimiento entero, y además en graciosos manequís del tamaño natural ofrece a la vista el corte más moderno de aquellos trajes. Un peluquero, entre la inmensa multitud de pelucas, botes, cepillos, esponjas, peines y demás muebles de tocador, coloca bellísimas y expresivas figuras de cera que ofrecen en su tocado las últimas modas, y en sus gracias perpetuas la moda de todos los tiempos, la hermosura. Un fabricante de pieles no se contenta con presentar tras de sus cristales las muestras de aquéllas, sino los mismos animales que las usan, un tigre, un león, una pantera, perfectamente empajados, y que con su aptitud imponente y su desapacible verdad, causan miedo al que desapercibido los mira por primera vez. Un zapatero, un sombrerero, una fábrica de guantes saben presentar sus elegantes artefactos con tal abundancia y capricho, que rayan en la extravagancia; toda ponderación es poca para pintar el grado de belleza y ostentación que explayan los almacenes de muebles, y los de sederías, algodones y lienzo, la riqueza de sus chales de cachemira, y la inmensidad de piezas de telas de cuantos gustos y caprichos puede inventar la imaginación; y sería también atormentarla el seguir en sus diversas faces la instable variedad de la moda que en sombrerillos y prendidos, camisas, flores y bordados presentan a cada paso y a cada hora las innumerables tiendas de modistas y costureras. Pero ¿qué más? hasta los comercios más modestos, el especiero por ejemplo, (tipo especial de París que tiene parte de nuestros lonjistas, de nuestros drogueros y almacenes de ultramarinos y más que todos reunidos), sabe disponer con una gracia seductora a la puerta de su almacén los variados frutos que forman su comercio, las naranjas y manzanas, los caracoles, las ostras y cocos, en elegantes pilas de césped; los líquidos en bellísimas vasijas de mil colores, los sólidos en graciosos azafates de mil formas. El confitero, verdadero artista escultor, trabaja sus artefactos con la misma conciencia que aquel sus bellas estatuas, y en sus manos lo humilde de la materia desaparece ante lo magnífico de la forma. Los pasteleros con igual destreza saben unir la belleza exterior con la realidad de la sustancia. Los innumerables fondistas presentan en sus aparadores todo el primor del arte culinario aplicado a los más sabrosos productos naturales de todos los pueblos. Por último, hasta los panaderos y carniceros disponen detrás de los cristales sus sólidas mercancías, con una limpieza, con una armonía tal de colocación, que destierra de todo punto cualquier idea de repugnancia.

Pero hay sobre todo un género de comercio en París con el que en vano pretenderían competir los más industriales pueblos de Europa, y este comercio es el del inmenso ramo de chucherías de lujo y de necesidad formadas de todas materias, conocido con el nombre de bijouterie. En estos almacenes es donde realmente queda sorprendida la imaginación, al ver la multitud de formas delicadas que todos los metales, todas las maderas, el marfil, la concha, el barro, el yeso, el cristal y porcelana reciben en manos del artista francés. Toda la Europa y América lo saben, porque toda la Europa y América son en este punto tributarios de las modas de París; pero es preciso contemplarlo de cerca, penetrar en las casas de Susse, Giroux y otros nombres infinitos harto conocidos, recorrer sus salones cubiertos de preciosísimos objetos; contemplar las graciosas caricaturas de yeso y de barro por Dantan, las bellas estatuitas de bronce y de mármol que reproducen a todos los personajes célebres, desde el emperador Napoleón hasta el cantor Rubini o la bailarina Taglioni; los innumerables artículos de estuches o necessaires, tocadores, juegos, dijes y chucherías, y admirar en fin el ingenio y la industria humana que han llegado a hacer necesarias tan magníficas superfluidades.

Añádase a este brillante primor de las tiendas, que detrás de aquellas cristalerías y por entre los ligeros espacios que permiten tan varios objetos, a la luz de cien mecheros de gas reflejados en cien espejos que cubren las paredes y estanterías, sentadas en elegantes sillones, o paseando detrás de los inmensos mostradores, os está acechando una falange de seductoras sirenas (estilo antiguo), o ya sea hasta una docena de mujeres fatales (estilo moderno) ricamente ataviadas, como para una soirée, bellamente prendidas, y contando además con una buena porción de gracias juveniles, de amabilidad y destreza mercantil. Y aquí me parece del caso hacer otro paréntesis para el que pido de antemano la venia de mis lectores.

Esta utilidad, o llámese explotación del trabajo mujeril, es uno de los extremos en que las costumbres francesas se apartan notablemente de las nuestras. La galantería y la susceptibilidad españolas, no suelen avenirse bien con la idea de hacer de la mujer un compañero en el trabajo, y menos aún con la de servirse de su atractivo como un medio de especulación. Bajo este aspecto nuestras mujeres son más dichosas, si dicha puede llamarse el estar reducidas a una condición pasiva, aunque rodeada de una cierta aureola de adoración. Mas, mirado por otro lado, no deja de tener grandes inconvenientes nuestro sistema; inconvenientes que redundan en perjuicio de la sociedad, y que la misma mujer es la primera a sentir.

En primer lugar, eliminando casi del trabajo a una mitad de la población, queda reducida ésta cuando menos a una mitad de productos. Lo probaremos por un ejemplo. Un mercader v. g. que por un principio de delicadeza no quiere colocar a su mujer detrás del mostrador, tiene que poner en su lugar a dos mancebos; pérdida material para el comerciante, y pérdida para la sociedad, porque aquellos jóvenes, reducidos a un trabajo insignificante, dejan de dedicarse a otro más útil que requiera la inteligencia o la fuerza. Las mujeres, que debieran reemplazarlos en este destino más análogo a su delicadeza y al género de su talento, no encuentran tampoco ocupación para el suyo, o tienen que contentarse con una escasa retribución a cambio de enojosas fatigas, y he aquí otra pérdida para el sexo en general. Por otro lado, un negociante, un fabricante, un propietario, asociando decorosamente su mujer a sus trabajos, la inspira más interés por la sociedad común; desenvuelve en ella el instinto del cálculo; entretiene su activa imaginación, y la hace por consecuencia menos accesible a las seducciones, y más enemiga del lujo y los placeres.

El interés de la mujer está también en recibir un género de educación que la predispone al trabajo, que dobla su valor, y que la emancipa, si ella quiere, de la tiranía del hombre, y de las fuertes cadenas de la seducción. Y no se asusten nuestras damas meridionales con estas ideas, que son las que rigen en todo el norte de Europa y América. El trabajo, la ocupación, es la más agradable compañía; la instrucción la más sólida dote, y la importancia social que reciben con ambas, en nada perjudica al entusiasmo que sus gracias personales pueden inspirar. Los lores ingleses y los hacendados angloamericanos suelen pagar a sus hijas las labores, cuyo importe suele reunir para hacerlas el regalo nupcial: los comerciantes alemanes y holandeses asocian a sus mujeres a los trabajos de su bufete, y los franceses las colocan al frente de sus fábricas y de sus haciendas. Pero sin salir de nuestra España: en Bilbao, por ejemplo, recuerdo haber visto a señoritas de las principales casas de comercio llevar los libros de caja con singular perfección, y a sus madres bajar al zaguán a recibir los importantes cargamentos, y disponer su colocación en los almacenes; y nótese también que Bilbao es uno de los pueblos de España donde las costumbres son más puras, la inteligencia más activa, y más importante la riqueza.

Permítaseme este ligero episodio en favor (aunque ellas no lo crean así) de nuestras amables paisanas, muchas de las cuales, por fruto de un mal entendido método de educación, suelen estar reducidas a calcular su importancia por el mayor o menor caudal de sus gracias físicas, a verla desaparecer del todo con aquéllas, y a quedar reducidas, cuando viudas, cuando huérfanas, cuando viejas o desgraciadas de figura, a implorar la compasión de un seductor, o a ganar la mísera existencia con un mezquino trabajo apenas recompensado.

Volvamos a París, donde un sin número de mujeres encuentran ocupación regentando las tiendas, y llevando los asientos con tan rara inteligencia, que no puede menos de redundar en beneficio de los dueños que las emplean. Todos nuestros cepillados mancebos de las tiendas de las calles del Carmen y la Montera, todos los vetustos dependientes de la calle de Postas y bajada de Santa Cruz, son unos miserables autómatas sin vida al lado de la más insignificante muchacha de las calles Vivienne y Richellieu. Su gracia persuasiva, el aplomo y destreza con que saben entablar y seguir la más enredada polémica sobre el mérito de sus mercancías, sobre la baratura de su precio, sobre la necesidad de su uso, es para desconcertar al hombre más exigente o desdeñoso, y ¡desdichado de él, si, seducido por cualquiera de los objetos que mira a la puerta, llega a salvar sus umbrales, y penetrar en el sagrado recinto de aquellas encantadoras!; porque no le valdrá decir que se ha equivocado, que no es allí donde se dirigía, que no es aquello lo que buscaba, que su precio es excesivo, o que no le conviene en fin, por cualquier razón; pues no bien lo habrá acabado de decir, cuando le desplegarán rápidamente a la vista otra infinidad de objetos análogos, de más o menos valor, de diversa o semejante forma, de distinto o el mismo color, y todos los gustos, en fin, incluso el suyo. Si se le hace caro, le probarán aritméticamente que vale el doble; si no lleva dinero encima, se lo enviarán a su casa en un elegante paquete; y si ha entrado, por ejemplo, a comprar un par de guantes, acabará por decidirse a comprar unas camisas, o vice-versa. La misma amabilidad, la misma delicadeza la misma coquetería con las damas que con los hombres; la misma solicitud para mostrarles todos los objetos del almacén; sin temer comprometer su delicado talle, subiendo una escalera para alcanzar un paquete; sin descomponer su prendido, pasando y repasando cien veces por bajo del mostrador. Y en medio de esta actividad, a la vista de sus jefes, siendo siempre el objeto de las expresivas miradas de los flaneurs parados delante de los cristales, sostienen sin interrupción el diálogo con el recalcitrante comprador, y aún saben conservar una sangre fría que desconcierta a los temerarios, y seduce a los indiferentes. Muchas veces, es verdad, cuando están solas aparentando leer el Constitucional o el Siglo, suelen asomar por bajo de sus políticas columnas los ingeniosos cuentos del favorito Paul de Kook; pero las ideas que estas lecturas despiertan, no vienen a formularse en ellas hasta el domingo próximo, en que, acompañadas de sus galanes, van a reírse con entusiasmo con los chistes del arlequín del Circo, o a llorar amargamente y comer naranjas en los sanguinolentos dramas del teatro de la Alegría (Gaité).

    El espectáculo, sobre todo, de las galerías del Palacio Real, de los Pasajes y Baluartes con sus innumerables tiendas, luces y movimiento, es sin disputa el más grande, el más bello y seductor que llama la atención del forastero en aquella capital, y a su lado vienen a ser poca cosa los espectáculos parciales, los aislados episodios, por grandes y magníficos que sean. Desde los almacenes engastados en oro y pedrerías hasta el mercader ambulante, que en el rincón de una calle o en el atrio de un edificio establece su comercio de mil objetos heterogéneos, todos a veinte y cinco sueldos (cinco reales) cada uno; desde los magníficos almacenes de víveres hasta los surtidos mercados especiales de carnes, pescados, trigos, frutas y verduras; desde los más ricos artefactos, hasta los más mínimos caprichos; desde el diamante, cuyo peso solo puede sostener una corona, hasta la caja de palillos o fósforos que os entrega un mendigo a cambio de una limosna disimuladamente solicitada, todo está dominado por un mismo impulso, todo es nacido de un mismo deseo, el de adivinar los caprichos y necesidades del hombre para brindarle su satisfacción, a trueque del dorado metal. Y allá van a reducirse y disolverse los grandes capitales, los trabajosos ahorros. El príncipe austriaco o moscovita; el comerciante holandés; el grande de España; el artista italiano; el lord inglés, y el hacendado de la Unión, todos contribuyen poderosamente a mantener aquel inmenso taller de la industria parisiense, como prueban muy bien los numerosos paquetes de cédulas de todos los bancos del mundo, los profundos sacos de monedas de oro con la efigie de todos los soberanos, que con gran pena de los mirones, ostentan detrás de sus enrejados las muchísimas casas de cambiadores.

Un viaje a París no es dispendioso por el gasto material para la existencia (de que más adelante hablaremos), ni aun tampoco por el que ocasionan los diferentes espectáculos que se brindan a la curiosidad. Puede serlo, y lo es en efecto, por las nuevas necesidades que despierta, los deseos exagerados que la vista de tantos objetos viene a producir; y si el viajero es de un país como el nuestro, en donde la industria y el arte mercantil están poco avanzados, puede exponerse a ver fallidos sus cálculos si no sabe sobreponerse a las tentaciones, cerrar los ojos a tiempo; seguro, como debe estarlo, de que si da rienda suelta a sus deseos, no por eso conseguirá satisfacerlos ni aun templarlos, más que sea un gran potentado, porque, por muchos que sean sus recursos, nunca bastarán a satisfacer los antojos que a cada paso le asaltarán: por bellos que sean los objetos que adquiera, no dará un paso sin encontrar con otros mil veces mejores; por mucha que sea su inteligencia, no por eso crea que dejará de ser engalado mejor. Sobre todo, aconsejaría al recién llegado a París que en los primeros días procure no comprar nada, hasta que, bien enterado de las diversas fabricaciones, pueda dirigirse para su adquisición a los sitios más propios; desconfíe sobre todo de los magníficos almacenes del Palacio Real y Galerías, donde el precio de los objetos suele estar recargado para pagar el crecido alquiler de las tiendas: no crea tampoco las innumerables protestas y encomios de las muestras, carteles, diarios, listas y tarjetas que a cada paso le entregarán por las calles; que se haga en fin acompañar por algún sujeto práctico en estos negocios; pues de lo contrario corre peligro de ser víctima de su inexperiencia, y de vuelta a su país, o habrá gastado el doble, o habrá gozado la mitad.

La vida del extranjero en París, sus visitas a los establecimientos públicos, un ligero bosquejo del carácter y modo de existencia de los habitadores de aquella capital, y el halagüeño cuadro de sus espectáculos y placeres, materia son para largos volúmenes, pero que habré de encerrar brevemente en los artículos sucesivos.

VIII. París

Debe suponerse que el extranjero, al visitar la capital de Francia, ha tenido un objeto, ya de conocer y apreciar sus monumentos artísticos, ya su organización social y las costumbres de sus habitantes, ya de adquirir instrucción en los muchísimos establecimientos científicos que con ella le brindan, ya, en fin, de participar de los placeres y diversiones que ofrece la ciudad más alegre y animada de Europa. No es esto decir que por desgracia dejen de hallarse algunos (y no en corto número), que sin tomar en cuenta ninguna de estas consideraciones; sin conocer ni apreciar de antemano su propio país, y sin consultarse a sí mismos sobre su respectiva vocación o inclinaciones, montan en la silla de posta, atraviesan los caminos, y desembarcan en las orillas del Sena, preocupados con la única idea de que a su vuelta podrán asegurar que «han visto a París», atestiguándolo con el corte novísimo de su levita o el color de su corbata. Para estos espíritus frívolos, París es el taller de un sastre o los bastidores de un teatro, así como Madrid es la calle de la Montera y el salón de el Prado; para ellos nadie escribe, porque no saben o no quieren leer. Prescindiendo, pues, de estos autómatas viajeros, y suponiendo en el recién llegado a París el justo deseo de conocer y examinar el interior de aquellos objetos a que le llaman su vocación o sus inclinaciones, permitiráseme con la imaginación en sus visitas investigadoras, tomando de aquí pretexto para apuntar, aunque ligeramente, algunos de los infinitos objetos que al filósofo, al crítico, y al hombre de mundo ofrece la capital de los franceses.

Ante todas cosas, conviene advertir que un pueblo como París, visitado constantemente por cien mil y más extranjeros de todos los países, clases y condiciones, es en cierto modo una ciudad que a todos pertenece; un centro común que a todos inspira franqueza. Por distantes que sean las regiones de donde proceda el forastero, por elevada su clase, por extraños sus usos e inclinaciones, está seguro de hallar en París otros de sus compatriotas, gentes de su jerarquía, usos y costumbres propios de su sociedad. Por otro lado, la influencia de la moda francesa, extendida por la victoria, y dominando con su prestigio hasta los pueblos más remotos, ha estrechado de tal modo las distancias, ha facilitado las relaciones con aquel pueblo, en términos que el viajero ya predispuesto anteriormente con el conocimiento de su idioma, de su literatura y de sus costumbres, no halla apenas dificultad para adherirse a ellas, y fijar sus ideas en el punto de vista parisiense.

Una bien entendida administración, apreciando debidamente cuanto importa a un pueblo el facilitar su acceso, y brindar con su grata hospitalidad al forastero, ha puesto siempre el mayor cuidado en garantir su seguridad, en proporcionar sus goces, en facilitarle los medios de conocer y apreciar los tesoros que encierra en su seno; y dedicando considerables sumas a embellecer y aumentar éstos, los ha sabido llevar a un punto tal, que cuando otros motivos no ofreciera París, sería suficiente razón para visitarle, el deseo, la necesidad de conocer los más bellos monumentos de las artes, los más ingeniosos procedimientos de las ciencias, el vital cultivo de las letras, la brillantez sin igual de los públicos espectáculos. Los mezquinos economistas y los opositores políticos, que, calculando nimiamente a su aritmética interesada, censuran y regatean toda suma destinada a la protección de las artes, a la construcción de un monumento público, de un templo, de una estatua, de un arco triunfal, a la publicación de una obra científica, al sostenimiento de un espectáculo nacional, pueden si gustan calcular el enorme beneficio que aquellas sumas impuestas con tales objetos reportan a la capital francesa, con la inmensa afluencia de forasteros que lleva a su recinto el deseo de visitar sus maravillas.

Grande es la facilidad que encuentra el viajero para penetrar en el interior de aquellos interesantes objetos; y éste es otro de los medios que no podía descuidar la discreta administración. Consiguiente a él, bástale solo al forastero que desea recorrer los museos, las academias, las bibliotecas, los monumentos públicos, presentar simplemente su pasaporte para que todas las puertas le sean abiertas, aun en aquellos días en que no es permitida la entrada al público parisién. Algunos establecimientos, administrativos de instrucción o de penalidad, algunas fábricas o edificios en construcción, exigen para ser visitados un permiso especial de un ministro de la corona o del director respectivo; pero para obtenerle, solo hay necesidad de escribir una lacónica carta al ministro o al director, pidiéndole el billete de entrada, que se remite al demandante al día siguiente sin gasto ni humillación de ninguna especie. Los conserjes y otros dependientes, encargados de enseñar los establecimientos, reúnen a los buenos modales el práctico conocimiento y una ingeniosa charla para describir a su modo los objetos, y hasta la moderación en contentarse con una ligerísima propina, forma singular contraste con la exigencia y tiranía que en iguales casos reina en otros países, por ejemplo en Londres, donde recuerdo haber pagado diez schelines (unos cincuenta reales), por visitar los distintos compartimentos de la Torre, y otros exorbitantes derechos en las iglesias de San Pablo y de Westminster.

Los templos antiguos más notables de París son la catedral (Notre Dame), San Germán de los Prados, San Esteban del Monte, y San Germán del Auxerrois; y todos ellos por su época y por el orden de su arquitectura pertenecen al género más o menos propiamente apellidado gótico: sin embargo, y a pesar de su importancia respectiva, no parecen poder sostener la comparación con otros infinitos monumentos religiosos que ostenta la Francia, y hasta la catedral de Nuestra Señora me parece menor a las magníficas de Reims, Amiens, Tours, Strasburgo, etc.; sin embargo, por su respetable antigüedad (siglo XII), por su imponente grandeza y nobles proporciones, es muy digna de particular encomio, y seríalo aún más si la mano del hombre (que vence en osadía a la del tiempo), no hubiera, bajo el pretexto de renovaciones, hecho desaparecer gran parte de su carácter primitivo; así vemos que en la fachada principal, en aquella sinfonía de piedra (como le place caracterizarla al entusiasta Víctor Hugo), se echa de menos gran parte del caprichoso follaje y adornos de estatuas tan propio de este género de construcciones; y penetrando en el interior, observamos que el revoque profanador de las paredes y columnas, y la desnudez afectada de los altares, la priva a nuestros ojos de aquella fisonomía poética y sublime que tan profundas sensaciones hacen experimentar otros templos semejantes. Recorridas las naves de la iglesia, el forastero no deja de subir a la plataforma de las torres, siquiera no fuese más que por el placer de contemplar a Paris a altura de Cuasimodo, y de unir su propio nombre a la infinidad de otros más o menos ignorados que cubren las pizarras del andén.

Entre las iglesias modernas de aquella capital son las más notables las de los Inválidos, el Panteón (Santa Genoveva), San Sulpicio, y la Magdalena, que pueden justamente colocarse entre los más bellos monumentos del arte; también hay otras modernas o renovadas con más o menos suntuosidad que sirven de parroquias, como San Roque, San Eustaquio, la Asunción, y Nuestra Señora de Loreto; pero aquellas formadas sobre los modelos griegos y romanos, tan análogos a sus creencias religiosas, y éstas revestidas por su mayor parte de formas teatrales y halagüeñas, inspiran, sin saber por qué, más interés que respeto, y pueden ser consideradas más bien como páginas brillantes del arte, que como tributos de un pueblo creyente a la fe y religión de sus mayores. Forma sobre todo la admiración de los inteligentes la magnífica rotonda sobre que descansa la cúpula del templo de los Inválidos, construcción atrevida y elegante del arquitecto Mansard, que no cede en belleza a las justamente célebres de San Pedro en Roma y San Pablo de Londres. En el centro de esta rotonda es en donde ha de colocarse el monumento fúnebre para depositar los restos del emperador NAPOLEÓN, y los más célebres arquitectos de la época se disputan el honor de combinar un pensamiento correspondiente a la grandeza y majestad del sitio, y a la alta nombradía del hombre ilustre a cuya memoria se dedica. La iglesia de Santa Genoveva, formada a imitación de las Basílicas Romanas, es un monumento realmente admirable del pasado siglo; y destinado por la asamblea constituyente para lugar de sepultura a todas las grandes celebridades del país, es conocido bajo el nombre de Panteón Nacional, y por bajo del frontón que decora su entrada se lee esta inscripción: Aux grands hommes la patrie reconnaissante. Soberbio es el aspecto exterior de este magnífico monumento, su grandioso peristilo, su elegante cúpula sostenida por una bella columnata circular, y el hermoso frontón con relieves alegóricos que decora la entrada, predisponen admirablemente el ánimo del espectador. Penetrando en el interior, no puede menos de continuar en su admiración, contemplando la altura y majestad de las bóvedas, la belleza de las pinturas al fresco en la nave principal; pero instantáneamente se apodera de su imaginación la idea de un inmenso vacío producido por la falta del culto, por la ausencia de la Divinidad, desterrada inoportunamente de aquel sitio para dar lugar al apoteosis de las miserables grandezas humanas. Este remedo político de la religiosa e histórica abadía de Westminster, verdadero templo de gloria abierto a todas las celebridades de la Gran Bretaña, está bien lejos de inspirar en el ánimo del visitador aquel místico respeto, aquella sublime admiración que su modelo; y esto consiste en que el panteón francés no está santificado por la religión ni por la historia; antes bien usurpó a aquella uno de sus templos, y quiso crear esta en virtud de un simple decreto. Lo más singular es, que aun admitido este origen, ha sido tan desmentido en la práctica, que únicamente se ven en las bóvedas de Santa Genoveva dos sepulcros de personas realmente notables, y son los de Francisco Arouet de Voltaire y de Juan Jacobo Rousseau. Los demás están dedicados a personas de escasa nombradía; tal oficial, v. g., que murió en un asalto, tal magistrado que trabajó en un código, o cual cortesano que llegó al sillón ministerial; y mientras tanto yacen en diversos sitios los filósofos Pascal, Descartes y Montaigne; los inmortales autores del Telémaco y de El Espíritu de las leyes; los grandes poetas Molière, Racine y Corneille; los sagrados oradores Bossuet, Flechier y Massillon; los ilustres generales Turenne, Condé y Vandome; los ministros Sully, Richellieu, y Colbert; los tribunos Manuel, Foy y Constant; los artistas Perrault, David y Talma, y tantos otros hombres verdaderamente grandes como la Francia ha producido, y que el viajero espera justamente encontrar en el interior del Panteón.

El templo de la Magdalena, empezado a construir durante el imperio de Napoleón con el objeto, un poco vago, de Templo de la Gloria, y concluido últimamente, lleva en su configuración verdaderamente griega el sello propio de la divinidad profana a que fue dedicado; y cuando, andando los tiempos, variados los gobiernos y concluido el monumento, se ha querido cambiar su destino, poniéndole bajo la invocación de Magdalena la penitente, no se ha hecho más que cometer un gran absurdo, que contrasta realmente con la notoria ilustración de la nación francesa. Hay motivos para pensar que Napoleón al levantar aquel indefinido monumento, quiso labrarse un sepulcro digno de su grandeza, como los Faraones de Egipto en las pirámides, o el emperador Adriano en el castillo de Roma.

Las demás iglesias arriba mencionadas tienen también su respectivo mérito en cuanto a la forma, y son más características como parroquias de extendida feligresía, y en las cuales el culto divino parece ser su objeto principal. A ellas acude una numerosa concurrencia, en especial los domingos; se celebran con solemnidad los misterios religiosos, y se pronuncian excelentes discursos por los celosos pastores a quien está cometida la instrucción y el alivio espiritual del pueblo. No es tampoco extraño el ver en ellas a las primeras damas de la opulenta capital hacer personalmente la demanda de limosnas para los pobres del distrito, o escuchar a los primeros artistas de París unir sus voces a magníficas orquestas a los ecos del órgano religioso. Ignoro si la moda, la vanidad o hasta las oposiciones políticas influirán en estas demostraciones, más aún que la verdadera y sólida piedad; pero no he podido menos de reconocerlas y compararlas con el estado de frialdad e indiferencia que observé en este punto del culto, cuando hace siete años visité por primera vez a aquel país. Entonces hallé desiertas casi del todo las iglesias de la capital y perdida la voz de sus oradores en el silencio de sus bóvedas; ahora con dificultad he podido penetrar en San Roque durante la misa del domingo, y he escuchado al reverendo Padre Lacordaire, vestido con el hábito de Santo Domingo, predicar en la iglesia de Nuestra Señora delante de una sociedad numerosa y escogida.

Además de los templos católicos, que vienen a ser, me parece, unos cuarenta, hay en aquella capital otras muchas iglesias de las diversas sectas religiosas, como la iglesia católica-francesa, las de los protestantes calvinistas y los luteranos, la iglesia griega, y las sinagogas de los israelitas. Son en general poco notables, a excepción de las últimas, en especial la que está situada en la calle de Nuestra Señora de Nazaret, donde se celebran los oficios de aquel rito con mucha solemnidad todos los viernes después de puesto el Sol.

Entre los muchos edificios públicos que la exageración francesa califica de palacios, merecen ciertamente esta denominación los siguientes: Tullerías. Real. Louvre. Luxemburgo. Borbón. Eliseo Borbón. D'Orsay. Instituto. Legión de honor. Justicia. Bolsa. Y Hotel de Ville.

Sin duda que el lector no espera encontrar aquí una descripción artística de estos célebres monumentos, pudiendo acudir el que la desee a los innumerables libros especiales en que está consignada. Reconozcamos aquí nuestra incompetencia en la materia, evitemos a nuestros lectores el cansancio de la repetición, y huyamos también del extremo de los viajeros franceses, que a propósito de impresiones de viaje nos imprimen toda la historia de los pueblos que visitan, a contar desde los tiempos fabulosos, y todas las relaciones más o menos críticas que encuentran al paso.

Por otro lado, sería imposible que en algunos casos intentase yo entrar en explicación de detalles materiales, supuesto que con mi buena fe castellana empiezo por decir, que el palacio de las Tullerías, por ejemplo, solo le he visto por su parte exterior; pues colocado por mi calidad de extranjero y por mi insignificancia política fuera del círculo de tan elevada esfera, no siendo representante en aquella capital de otros intereses que los de mi natural curiosidad, y oscurecido, en fin, entre la turba de viandantes que de todos los puntos del globo acuden diariamente a la capital de los franceses, no es nada de extrañar (ni por eso me doy por sentido) que el poderoso monarca que ocupa su trono (actual inquilino de aquel palacio), no se haya acordado de mi humilde persona para invitarme a sus festines y soirées. Razón por la cual, y sin dárseme tampoco el menor cuidado, me limité en varias ocasiones a asestar mi anteojo escrutador al vetusto alcázar de la monarquía francesa, que (perdóneme su ausencia) no conserva de bello más que su misma respetable antigüedad.

El Palacio Real de Orleans, propiedad de S. M. Luis Felipe, y su morada antes de subir al trono de Francia, fue construido por el célebre cardenal de Richellieu, y legado por él en su testamento al rey Luis XIV, que posteriormente le cedió a su hermano el duque de Orleans. En mi primer viaje a París en 1833 visité el interior de este palacio, y la galería de cuadros propia de su augusto dueño que le adornaba, dos de los cuales llamaban singularmente la atención por el contraste político que ofrecían; representando el uno al mismo Luis Felipe emigrado y proscripto, regentando una escuela de geografía en una ciudad de Suiza, y el otro al rey de los franceses jurando la carta constitucional en manos de los representantes del país. Estos cuadros y otros de dicha galería han pasado después al Museo histórico de Versalles, e ignoro si habrá sucedido lo mismo con el resto de la galería.

Pero lo más notable de este Palacio es todo lo que no puede llamarse propiamente tal, esto es, los bellos edificios, los pórticos y galerías que rodean su inmenso jardín, y la animación que le prestan sus numerosas tiendas, fondas, cafés y espectáculos. Léese en las memorias de madama Genlis que en 1778 se hallaba el duque de Orleans tan fuertemente empeñado en deudas enormes, que el hermano de aquella señora (aya que era del actual rey de los franceses, y autora de Las Veladas de la quinta y de Adela y Teodoro) le propuso la construcción de una serie de casas al rededor del jardín de su palacio, con el objeto de beneficiar su producto; y adoptado el pensamiento, y construidas las habitaciones sobre una galería de doscientos arcos, entregadas aquellas a la industria y comercio, resultó el más magnífico bazar, así como también la finca urbana más productiva del mundo entero. Más de trescientas tiendas simétricas y de un lujo prodigioso; multitud de cafés y fondas los más elegantes de la capital, tres o cuatro teatros, gabinetes de lectura, sociedades artísticas y literarias, un magnífico jardín de setecientos pies de largo por trescientos de ancho, animado el todo con una iluminación verdaderamente prodigiosa con innumerables mecheros de gas, una afluencia inmensa y continua de gentes de todos los puntos del globo que vienen a reunirse en este célebre recinto, justamente llamado la capital de París: todos los objetos en fin de distracción, de gusto o de capricho, reunidos en aquel punto central, le colocan a la altura de su reputación, y obligan al extranjero a permanecer largas horas al día sin poderse arrancar de tan encantadora mansión.

El palacio inmediato del Louvre, como monumento de arte, es sin disputa el más magnífico, bello y propio de aquel nombre que encierra la capital de Francia, justificando la alta reputación que goza en aquel país su arquitecto Perroult, por cuyos planes se levantó de orden de Luis XIV sobre las ruinas del viejo palacio de Felipe Augusto. En este hermoso e inmenso edificio se halla colocado: primero, el Museo de estatuas, bustos, bajos relieves, altares, vasos y candelabros, etc. Segundo, el Museo de cuadros de las escuelas francesa, italiana, holandesa y flamenca. Tercero, el Museo egipcio, magnífica colección de objetos propios de aquel interesante pueblo de la antigüedad. Cuarto, el Museo de la marina, con todos los modelos de construcciones navales, instrumentos científicos y náuticos, planos de ciudades, puentes y máquinas. Y quinto, el Museo de cuadros españoles, formado en estos últimos años con unos cuatrocientos de Murillo, Zurbarán, Cano, Coello, etc. Hay además otro departamento de estampas y mapas, y otro de esculturas del renacimiento. La descripción o mera indicación de los objetos contenidos en cada uno de estos museos ocupa volúmenes enteros, pudiendo asegurarse que, después del Vaticano, no hay acaso otro edificio en el mundo donde puedan admirarse tantas riquezas artísticas. En él además se celebran las exposiciones anuales de bellas artes, y en la última que empezó en 15 de marzo de este año, y que he visitado, fueron dos mil doscientas ochenta las obras nuevas expuestas (según el catálogo que poseo), y entre ellas hubo algunas de nuestros jóvenes compatriotas los señores Rivera y Villaamil.

El Luxemburgo es otro palacio, construcción también del siglo XVII, mandada ejecutar por María de Médicis, el cual sirve en el día en parte para las sesiones de la Cámara de los Pares, y otra parte para Museo nacional de los artistas contemporáneos, donde puede observarse hasta qué punto se cultivan en el día en aquel país las bellas artes.

El palacio Borbón es el sitio de las sesiones de la Cámara de los diputados, y su bello salón semi-circular está dispuesto convenientemente para este objeto, aunque sin notable ostentación, y más bien consultando la comodidad en las discusiones.

El Instituto real de Francia, o reunión de las antiguas academias, ocupa el palacio que fue de Bellas artes, colocado del otro lado del río, frente por frente del Louvre. El palacio de Justicia, antigua morada de los prefectos romanos, de los reyes de la primera raza, de los condes de París y sus Prevostes, renovado posteriormente en diversas épocas y con distintos gustos, es en el día el sitio central de toda la administración de justicia superior del reino y particular de la capital; y en su parte baja se encuentran también las prisiones llamadas de la conserjería. Como objeto de estudio y de observación es muy digno de frecuentes visitas este palacio para instruirse en los trámites de la administración judicial, para escuchar las brillantes defensas de los abogados, y las escenas teatrales que la vis cómica francesa halla medio de introducir en el santuario augusto de la justicia. Unida a este palacio se halla la Santa Capilla, monumento gótico del más exquisito primor y remota antigüedad, que, profanado por los revolucionarios del pasado siglo, ha permanecido cerrado y lleno de papeles de los archivos judiciales, hasta que por disposición del rey actual acaba de emprenderse su restauración.

El palacio del Eliseo Borbón, célebre por la abdicación del emperador Napoleón en 1815, y por haber habitado en él el emperador Alejandro y el Lord Welington, después de la invasión de los aliados en aquella capital, es una magnífica casa de placer muy digna de ser visitada; y el palacio de la Legión de honor, construcción igualmente del siglo pasado, merece justamente los elogios del artista. Últimamente, el soberbio edificio construido hace pocos años en el dique d'Orsay, y que ocupa actualmente el consejo de Estado; y el antiguo Hotel de ville, aumentado considerablemente con las nuevas construcciones que acaban de añadírsele con destino a la habitación del prefecto del Sena, son obras que revelan el buen gusto de la época y la prosperidad y grandeza de aquel país.

Muchos otros monumentos públicos ostenta a cada paso la capital de Francia destinados a embellecer su recinto, o a consignar las bellas páginas de la historia nacional. La estatua ecuestre de Enrique IV en el puente Nuevo; la de Luis XIV en la plaza de las Victorias; los arcos triunfales de San Dionisio y San Martín elevados al mismo monarca, y otros varios testimonios de la pasada grandeza, no pueden, sin embargo, sostener la comparación con los muchos y grandes que la moderna civilización ha sabido elevar con arrogante bizarría. Véase en apoyo de esta aserción la magnífica Columna de bronce dedicada a Napoleón en la plaza de Vandome; la otra semejante que acaba de inaugurarse sobre las ruinas de la Bastilla para perpetuar la memoria de las revoluciones de 789 y 830; el gigantesco Arco de triunfo de la Estrella, y el otro (mezquino en su comparación) del Carroussel; el Obelisco egipcio, traído de las orillas del Nilo y colocado con ingenioso mecanismo en la plaza de la Concordia; y la magnífica decoración de esta plaza, en fin, con sus hermosas fuentes, estatuas y candelabros; cosas todas que asombrarían a los mismos Luis XIV y Napoleón si hoy visitaran su buena ciudad de París.

Después de terminadas sus artísticas visitas a éstos y otros monumentos de la capital, sin duda que el viajero no limitará a ello su curiosidad, sino que, penetrando en el interior de sus establecimientos administrativos y económicos, científicos y literarios, tratara de conocer el pormenor de tan admirable conjunto. De buena gana conduciría también al lector, en tan agradable tarea, principal objeto de mi viaje, y a que procure dedicar largas horas y exquisita diligencia; pero ya está repetido hasta la saciedad, el invencible obstáculo de la falta de espacio que estos ligeros artículos prestan para tamaña empresa. Sin embargo, con el objeto al menos de cumplir mi propósito de hacer algunas indicaciones útiles al viajero, pasaré rápidamente la vista sobre los principales establecimientos, aun a riesgo de enojar a algunos de mis lectores con esta cansada relación, y obligado a interrumpirla aquí para darles un respiro.

IX. París

Si el viajero es literato, y el objeto de su viaje a la moderna Atenas es cultivar en ella sus conocimientos o aficiones especiales, sin duda que sus primeros paseos serán dirigidos al cuartel latino, importante demarcación de aquella capital que queda comprendida entre la orilla izquierda del Sena y el jardín de Luxemburgo, el barrio de San Germán, y el Jardín de plantas. Colocado en el punto culminante de aquellos populosos barrios, que tanta influencia han tenido en las revoluciones mentales de la moderna Europa; así como todos los comentadores y ergotistas campean a su sabor en las oscuras e innumerables tiendas que hacen sentir la vecindad de la Escuela de derecho; y los fisiologistas, anatómicos, los homeopáticos, y los sectarios de Broussais y de Browm se reparten en muchas varas a la redonda la exclusiva propiedad de las que conducen a la Escuela de medicina.

En medio de todo este aparato de estudio, las costumbres juveniles de los estudiantes forman por su disipación y bullicio el más estrambótico contraste, y no solo atraen la censura de los severos preceptores encargados de dirigir su educación, sino que merecen una particular atención a todos los gobiernos, que siempre han visto en el indómito y juvenil espíritu del país latino el germen u apoyo principal de toda clase de levantamientos y asonadas contra su autoridad. Abandonados de la vigilancia de sus familias, a muchas leguas de ellas y entregados al propio impulso en lo más ardiente de su edad, dotados unos por la brillantez y riqueza de su imaginación, otros por los atractivos de una hermosa figura; estimulados estos por el aguijón de la miseria, asistidos aquellos con los dones de la fortuna, no hay empresa, por temeraria que sea, en que no se lancen, no hay obstáculo que se les oponga, no hay autoridad ante la cual doblen su indómita rodilla. Con la misma actividad, con igual entusiasmo y potencia de facultades, asistirán a sostener un argumento absurdo o un axioma incontrovertible; harán la autopsia de un cadáver, o sustentarán un acto literario; se unirán en complot para silbar a un ministro, o para levantar una barricada o hacer una revolución; igual energía pondrán para sostener o abismar el drama nuevo representado aquella noche en el teatro de Luxemburgo, que en tejer y combinar otro vivo y d'apres nature con la hija de su patrona o la tendera de la esquina; con la misma arrogancia lucirán sus luengas cabelleras y fantásticas barbas bajo el casquete del aula o la nueva borla de doctor, que bajo el schakó de la guardia nacional. Y con la propia indiferencia trocarán su querida, su estudianta (falange de muchachas baldía y espontánea que marcha siempre a la grupa del bullicioso ejército estudiantil) con la del otro paisano su vecino, o se repartirán económicamente su usufructo, o la trocarán por un libro, o la harán arrojarse al Sena por sus amores, o la llevarán en ómnibus a las orgías enormes de las Barreras, o en asnal cabalgata a la floresta de Motmorency. Imposible parece que aquella juventud turbulenta y audaz haya de dirigir un día con acierto los destinos del país, haya de hacer nuevas conquistas a la ciencia, haya de proteger la inocencia y la propiedad en la magistratura, la vida de sus semejantes a la cabeza de su lecho de muerte, la libertad, la grandeza y la independencia del país en la tribuna nacional; y sin embargo nada es más natural, y (como decía Moratín) «en la edad está el misterio».

No es solo en el cuartel latino en donde está concentrada la pública enseñanza. Miles de otros establecimientos más o menos importantes despliegan fuera de él medios poderosos de instrucción -El Conservatorio de artes y oficios, por ejemplo, colocado en el centro de la población mercantil e industrial, tiene sus cursos de aritmética, geometría, mecánica, economía y ciencias aplicadas a las artes. En la Biblioteca Real hay cátedras de Lenguas orientales, de Paleografía, y de Arqueología. En el Jardín de Plantas se enseñan las ciencias naturales en toda sa extensión, y a la vista de los riquísimos museos allí reunidos. La astronomía y ciencias conexas en el Observatorio. Las bellas artes, la música, la declamación en los Conservatorios especiales. Las lenguas vivas, el comercio, las artes mecánicas y manufacturas en innumerable multitud de establecimientos públicos y privados, algunos de los cuales cuentan miles de alumnos. Pero debiendo concluir aquí esta rápida reseña, solo nos permitiremos citar dos; sea el primero La escuela especial de artes y comercios; situada en la calle Charonne, magnífico instituto en que bajo un admirable plan reciben completa instrucción teórica y práctica de la ciencia mercantil, y artes mecánicas, más de tres mil individuos; y el Gimnasio normal militar, civil y ortopédico, fundado y dirigido por nuestro, apreciable compatriota el coronel don Francisco Amorós, el cual ha sabido desplegar en él tan ingenioso plan de educación física, y obtenido tan buenos resultados, que han hecho que el gobierno francés eleve aquel establecimiento al rango de Instituto nacional. Por lo demás el entrar en la sola enumeración de los infinitos establecimientos públicos de enseñanza primaria; en las no menos numerosas instituciones particulares aplicadas a los diversos ramos del saber, sería obra de muchos tomos y de cansada fatiga.

Las academias Francesa, de Inscripciones y Bellas letras, de Ciencias, de Bellas artes, de Ciencias morales y políticas, y de Medicina, que juntas forman el cuerpo denominado Instituto real de Francia, celebran una junta general anual y pública el día primero de mayo, y además separadamente una sesión semanal cada una; y asistiendo a éstas puede el forastero ponerse al corriente de los adelantamientos de las ciencias y las letras, y hacer conocimiento con los ilustres miembros de aquellos cuerpos científicos, entre los cuales figuran dignamente los célebres Vizconde de Chateaubriand, Thiers, Guizot, La Martine, Delavigne, Víctor Hugo, Soumet, Aragó, Gay-Lussac, Chevalier, Villemain, Salvandy, de Jouy, Scribe y otros no menos conocidos y justamente apreciados en la república de las letras.

Otras muchas sociedades literarias existen en París, y deben ser visitadas si ha de formarse una idea del cuadro animado de la pública instrucción en aquella capital. El Ateneo, por ejemplo, fundado en 1785 bajo el nombre de Liceo (aunque decaído hoy en parte del antiguo esplendor que le imprimieran los nombres de La Harpe, Chenier, y otros ilustres literatos) ofrece todavía en sus enseñanzas grande interés a la ciencia. Las sociedades de Anticuarios, de Geografía, Elemental, Asiática, Académica de ciencias, Philotécnica, Philomática, de Buenas letras, de las Artes, Bíblica, el Ateneo de las artes y otras muchas, alimentan constantemente el fuego sagrado de la ciencia, y con una actividad y constancia dignas de ser imitadas rivalizan entre sí para obtener los más bellos resultados.

Los medios de instrucción están además facilitados en aquella capital por la multitud de bibliotecas públicas y los riquísimos museos en que tampoco tiene que envidiar a ninguna ciudad antigua ni moderna. Solo la Biblioteca real de la calle de Richellieu cuenta ya la enorme cantidad de ochocientos mil volúmenes, y más de ochenta mil manuscritos: tiene además un riquísimo monetario y gabinete de curiosidades, otro departamento de cartas, planos y estampas de una abundancia prodigiosa, y otros muchos objetos que necesitan para ser apreciados dignamente largas y frecuentes visitas. Hay además la biblioteca Mazarina con noventa mil volúmenes, más especiales de las ciencias políticas y religiosas, físicas y matemáticas; la del Arsenal, que cuenta ciento setenta y cinco mil volúmenes y seis mil manuscritos, rica en historias, novelas, poesías y otros ramos de bella literatura; la biblioteca de Santa Genoveva con ciento sesenta mil volúmenes; la del Instituto con ochenta mil; la de la Villa con cuarenta y cinco mil; las de la Escuela de Medicina y la del Jardín de Plantas, además de otras treinta de los establecimientos públicos que el viajero puede visitar fácilmente.

Hemos mencionado ya los Museos reales reunidos en el palacio del Louvre y en el de Luxemburgo, y sería temeridad el pretender entrar aquí en la inmensa relación de las riquezas que en materia de bellas artes contienen. Dos tomos regulares forman sus catálogos, y con ellos en la mano puede el viajero visitar, no una, sino muchas veces sus interminables galerías, formando juicio y comparación entre las diversas escuelas, épocas y nombres que rivalizan en aquel magnífico palenque. Otras muchas galerías de cuadros existen en París, entre las cuales, por diversos motivos, merecen llamar la atención y excitan particularmente el interés de los españoles las que poseen el mariscal de Soult y el marqués de Las Marismas Don Alejandro Aguado, como formadas que son por su mayor parte con excelentes cuadros de las escuelas Sevillana, Valenciana y Madrileña, superiores en mérito a los que a grandes costos ha reunido en el Louvre el rey de los franceses bajo el nombre de Museo español. La del señor Aguado se distingue singularmente por su abundancia y elección, la grandeza y elegancia de su colocación y la facilidad con que su opulento dueño proporciona el acceso al público aficionado. Según el catálogo que tengo a la vista, consta de trescientos noventa y un cuadros, de los cuales doscientos cuarenta y dos son españoles, y los demás de las escuelas extranjeras; entre aquéllos figuran cincuenta y cuatro de Murillo, diez y nueve de Velázquez, diez y ocho de Ribera, cuatro de Juanes, diez y seis de Alonso Cano, y diez de Zurbarán; y en los extranjeros los hay también excelentes de Rafael, Correggio, Ticiano, Vinci, Rubens, Rembrant, etc.

Un establecimiento que bajo los diversos aspectos de instrucción y de recreo retine el mayor interés para el viajero en aquella capital, es el Jardín botánico o de Plantas, que, además del destino científico que indica su nombre, forma también un deliciosísimo paseo, con bosques, parques, modelos de cultura, laberintos y puntos de vista encantadores, y el más rico Museo natural que existe en el mundo. En él puede admirarse a la naturaleza viviente en los diversos compartimientos del jardín, y ver en sus grutas, lagos, cercas, jaulones y estufas, desde el magnífico elefante y la elegante jirafa hasta la bella mariposa y el hermoso colibrí; desde el iracundo tigre o el altivo león, hasta el social e inteligente jokó; desde el cedro del Líbano, hasta la más humilde yerbecilla. En la galería de mineralogía, que tiene ciento veinte varas castellanas de extensión, se encierra tal riqueza de objetos de esta clase, que es realmente para asombrar la imaginación. La galería de historia natural está formada de una colección inmensa que comprende cinco mil pescados, quince mil mamíferos, seis mil pájaros, y un número infinito de las diversas clases de seres que pueblan la tierra, el agua y el aire. La galería de botánica no es menos rica en ejemplares de plantas de todos los climas, géneros y dimensiones; y el gabinete de Anatomía comparada, en sus quince salas reúne una colección preciosísima de esqueletos de todas especies, empezando por el hombre en sus diversas razas europea, tártara, china, de Nueva Islandia, negra, hotentote y otras salvajes de América, y momias egipcias; objeto filosófico de estudio que excita el más alto interés en el visitante.

 Otros museos anatómicos hay en la escuela de Medicina, y de objetos de bellas artes en el convento que fue de los Agustinos adonde se han reunido preciosos restos de los antiguos monasterios y castillos. Tampoco puede dejar de visitarse el museo de Medallas en la casa de la Moneda, en donde se encuentran colocados todos los punzones y matrices de las innumerables medallas acuñadas desde Francisco I hasta el día, y una rica y metódica colección de monedas de todos los pueblos antiguos y modernos. Igualmente el museo de Artillería o Armería real, en que puede verse una multitud de máquinas de guerra y armaduras de todos los siglos. La famosa fábrica tapicería de los Gobelinos, verdadero museo de cuadros, prodigiosamente tejidos, cuya perfección no reconoce igual en Europa. Hay además cerca de París el magnífico Museo histórico de Versalles, y el de porcelana de Sevres, de que hablaremos en tiempo y lugar.

 Si son dignos de admiración y encomio tantos y tan bellos establecimientos dedicados a la pública instrucción, no lo son menos por cierto los económicos y de beneficencia y corrección. Entre los hospicios y asilos de indigencia por ejemplo, sobresale el llamado de la Salpetriere, inmenso establecimiento que ocupa el espacio de cincuenta y cinco mil toesas, y viene a ser una pequeña ciudad, con varias calles y casas, jardines, hospitales, iglesia y otros edificios. En él se albergan cinco mil cuatrocientas mujeres ancianas, enfermas epilépticas y locas, y realmente admirable el orden y la economía interior con que está gobernado. El otro hospicio de Bicetre, extramuros de París, es el destinado para hombres ancianos, y con las mismas condiciones que las mujeres de la Salpetriere, y puede contener unos tres mil trescientos. Son igualmente muy dignos de alabanza los dos hospicios de incurables para hombres y mujeres, el de matrimonios (menages), el de huérfanos de dos a doce años, y otros varios, cuya administración y la de la hospitalidad domiciliaria hará muy bien en estudiar el viajero que pretenda ser útil a su país.

Pero el principal hospicio-hospital de aquella ciudad y uno de los primeros del mundo es el de los Inválidos del ejército, espléndido tributo nacional rendido a los defensores del estado que se inhabilitaron en su servicio. De cuatro a cinco mil de aquellos desgraciados encuentran en él un asilo digno, un abundante alimento, y un trato y cuidado tales que llegan a hacerles olvidar sus dolencias, y prolongar dulcemente el resto de sus días. Las demás clases menesterosas tienen para sus dolencias el Hotel-Dieu, vasto establecimiento que encierra mil trescientas cuarenta camas, y los hospitales de la Piedad con seiscientas, de la Caridad con trescientas veinte y tres, de San Antonio con doscientas sesenta y dos, el de Necker, el de Cochin, el de Beaujon y otros muchos destinados para dolencias especiales; como v. g. el de San Luis para las enfermedades de la piel, otra para las venéreas, y el magnífico de Charenton para los locos y dementes. Hay otro hospital especial que sirve también de asilo y enseñanza para trescientos ciegos (Quince Vingt), siendo un espectáculo realmente admirable el mirarles trabajar mil obras mecánicas, en extremo curiosas, que venden en provecho propio. Igualmente es recomendable el Instituto real de niños ciegos de ambos sexos, en que se les enseña a leer por medio del tacto en libros impresos con caracteres de relieve, la geografía, la lengua, la historia, las matemáticas y la música, y además algunos oficios, como el tejido, hilado, imprenta, etc. Ni debe dejar el forastero de asistir a los ejercicios públicos del Instituto de sordo-mudos, fundación del célebre abate L'Epeé, en donde se admira igualmente el ingenio y la constancia del hombre para aliviar en sus semejantes la falta de las más notables facultades. Otros muchos asilos hay, tales como el destinado a recibir las mujeres embarazadas, el de los niños expósitos, en que se reciben por término medio cinco mil quinientos en cada año, y un sin número de establecimientos conocidos con el nombre de Casas de sanidad (Maisons de Santé), donde se encuentran habitaciones y camas para recibir a los enfermos que no puedan contar en sus casas con la debida asistencia, y se les cuida con el mayor esmero mediante una retribución convenida.

Además de la comisión administrativa de los establecimientos de beneficencia, existen multitud de sociedades filantrópicas con diversas denominaciones, como la Sociedad Maternal, la de la Providencia, la de los Prisioneros, la de Reforma de cárceles, la de Niñas desamparadas, la de Salas de asilo (escuelas de párvulos), las asociaciones parroquiales y otras infinitas, que, auxiliadas unas con el concurso del gobierno, y sustentadas únicamente otras por la pública caridad, contribuyen a sostener aquellos infinitos establecimientos, donde encuentran protección y asilo en su orfandad, consuelo y alivio en sus dolencias más de noventa mil personas. Para terminar aquí con las asociaciones filantrópicas me limitaré a hacer mención de la Caja de ahorros, establecimiento admirable fundado en 1818, al cual concurren de tres a cuatro mil personas cada domingo a depositar sus economías desde la suma de un franco hasta la de trescientos, siendo tal su importancia que en el año último de 1840 ha dado los resultados siguientes: total recibido en el año, treinta y cuatro millones setecientos noventa y seis mil quinientos quince francos con setenta y dos céntimos. Devuelto, treinta y tres millones setecientos noventa y ocho mil cuatrocientos ochenta y cuatro francos veinte y tres céntimos. El número de libretas corrientes al fin del año en la caja pasaba de ciento veinte y cinco mil, los cuales tenían existentes en caja setenta y cinco millones de francos (unos trescientos millones de reales), cuyas enormes sumas tienen allí inmediata aplicación pasando al tesoro público, quien abona el correspondiente interés a la caja. El Monte de Piedad, inmenso establecimiento más mercantil que filantrópico de aquella capital, no merece tantos elogios por los crecidos intereses que lleva, y los medios poco escrupulosos con que brinda su mentido socorro a una población imprudente y disipada.

Las prisiones de París no ofrecen tampoco tanto motivo de alabanza en lo general; y hasta son censuradas cada día por escritores más o menos parciales; sin embargo, es visible la mejora que se ha verificado de unos años a esta parte, y entre las actuales pueden todavía alabarse sin escrúpulo la de Santa Pelagia para delitos políticos; la Fuerza, para criminales comunes; la de Clichi, para deudores; la de San Lázaro, para jóvenes penitenciados, (que es una de las mejor dirigidas que hay en París), y la de la Roquette, donde se halla puesto en práctica el sistema de aislamiento del célebre Bentham.

Otros muchos establecimientos públicos pudiera citar entre los destinados a la administración y buen orden de aquella populosa capital, tales como los cinco mataderos (*abbatoirs*) construidos en tiempo de Napoleón, los cuales por su bella disposición y exquisita limpieza merecen bien una visita del curioso viajero. Los acueductos de San Germán de los Prados, Belleville, Arcueill, y los canales de L'Ourq y San Dionisio, obras costosísimas a par que grandiosas en sus resultados de abastecer de aguas a aquella inmensa población. Los amplios y bien construidos mercados especiales de granos, de harinas, de vinos, de comestibles, de vacas, de volatería, de caza, de pescado, de ostras, de fruta, de flores, de ropas viejas, etc.

Merecerían uno y muchos artículos especiales las infinitas asociaciones particulares, industriales y económicas que tanta importancia tienen en la prosperidad de aquel pueblo: pero baste decir que he reunido y tengo a la vista más de cien reglamentos de otras tantas de ellas, con diversos objetos y denominaciones; sin que pueda pasar en silencio la que tiene por objeto el fomento (*encouragement*) de la industria nacional, que ha ligado su nombre a todas las invenciones útiles de este siglo; la sociedad de Seguros contra incendios de casas en París (calle de Richellieu, núm. 85), que cuenta con el asombroso capital asegurado de mil y seiscientos millones de francos (unos seis mil cuatrocientos millones de reales); la de Seguros vitalicios (en la misma calle, núm. 97) que tiene un fondo social de tres millones novecientos mil francos (cerca de quince millones seiscientos mil reales), y otras infinitas contra los incendios naturales y fortuitos de edificios y muebles, contra los riesgos del granizo, explosiones, transportes, navegación, pérdidas de pleitos y de créditos comerciales en casos de quiebra, reemplazos del ejército, atropellos de carruajes, etc., las cuales completan una larga serie de establecimientos útiles y necesarios para neutralizar en lo posible las contingencias de la vida.

Por último, y para concluir este largo capítulo, me habrá de permitir el lector alguna ligera detención para bosquejar uno de los objetos más interesantes bajo los aspectos filosófico y artístico en aquella capital, y señalar en él los gratos recuerdos que encierra para un visitador español.

El cementerio principal de París, llamado del Padre Lachaisse, es un vasto y magnífico jardín que desde los primeros años del siglo actual en que fue destinado a este sagrado objeto se ha visto cubierto de muchos miles de monumentos artísticos de la mayor magnificencia, y, lo que es más, ilustrado con la rica aureola de gloria que derraman por su recinto los muchos nombres ilustres esculpidos en sus lapidas funerales. En aquella soberbia Necrópolis (ciudad de muertos), en que entre dos generaciones han venido a pagar el humano tributo un Foy y un Benjamin Constant; un Couvier y un Talma; un Perrier y un Ney; un Massena y un Souchet, grandes reputaciones de su siglo; en aquel sagrado recinto, que, no contento con ellas, ha llamado a tan espléndido y mudo congreso los nombres de los siglos anteriores, y recogido bajo su tierra amiga los restos del escritor filósofo de la corte de Luis XIV, el admirable Molière; del intérprete de la naturaleza Lafontaine; del cáustico Beaumarchais y el tierno Delille; que ha levantado con los escombros del Paracleto una bella tumba gótica para los desgraciados amantes Abelardo y Eloísa; en aquel jardín, en fin, que renueva la memoria del Eliseo de Virgilio, o sea la espléndida evocación de todas las sombras venerables de los que en las armas, en las letras, o en la tribuna defendieron e ilustraron a su patria, no puede menos de conmoverse profundamente el hombre sensible o el viajero filósofo que atravesando sus bellos bosques, sus graciosas colinas y sus variados paseos, se halla detenido a cada paso con la multitud de fúnebres monumentos, las estatuas y nombres de las personas célebres que encierra.

Ningún sitio fuera de la capital ofrece puntos de vista más pintorescos y variados, y aun considerado meramente bajo el aspecto artístico, puede calcularse el interés que ha de excitar un vasto jardín en que se encuentran más de cincuenta mil mausoleos de todas las formas y órdenes arquitectónicos, muchos de ellos de extraordinario primor, embellecido el todo por el frondoso ramaje de los árboles y las plantas, y por el interesante espectáculo de los piadosos parientes y amigos que vienen a rendir a los suyos los más tiernos homenajes, vertiendo lágrimas sobre sus tumbas, cubriéndolas de flores, y comunicándose con ellos, por decirlo así, a pesar de la muerte; y no se extrañará que a la vista de aquel sublime espectáculo, el extranjero suspenso sienta despertar un movimiento de simpatía por una nación que sabe respetar así la memoria de sus pasados. Pero si el viajero es español, crece de todo punto su interés, al encontrar frecuentemente en aquel sitio elegantes aunque sencillos mausoleos, levantados a la memoria de sus compatriotas, muertos en el destierro por consecuencia de las revueltas civiles.

Bajo un elegante templete de mármol, formado por ocho columnas, y coronado por una cruz, se encierra una urna en que reposa el antiguo ministro de estado Don Mariano Luis de Urquijo, que falleció en París en 3 de Mayo de 1817 a la edad de 49 años; leyéndose en ella esta enérgica y oportuna inscripción:

> *Il fallait un temple a la vertu,*
> *Un asile a la douleur.*

El embajador duque de Fernán Núñez, el médico García Suelto, el sabio Morales, el marino Guzmán de Carrión, la marquesa de Arneva, y otros varios compatriotas, yacen en un pequeño recinto que los encargados del cementerio apellidan la Isla de los españoles. El príncipe de Masserano, grande de España de primera clase, reposa también allí bajo un noble mausoleo, y a su lado sobre una lápida modesta que no revela nombre alguno, yace sin duda otro desgraciado español bajo este tierno epígrafe:

> *Sur ce noble mortel, aucun ruban n'a lui,*
> *Aucun titre ne le decore;*
> *Mais si l'Espagne eut eu vingt guerriers comme lui,*
> *L'Espagne serait libre encore!*

Pero otro monumento colocado en distinto compartimento del jardín, entre las sombrías calles que se elevan sobre la derecha de la capilla, es el que llama principalmente la atención del viajero español, por el hombre ilustre a quien está dedicado, y por su oportuna colocación inmediatamente vecino a las dos tumbas de Molière y de Lafontaine.

Su forma es sencilla, reduciéndose a un gran pedestal que sostiene un segundo cuerpo arquitectónico más proporcionado, sobre el cual se eleva una pequeña urna de forma antigua. En el frente del segundo cuerpo se lee en español esta inscripción:

> AQUÍ YACE
> DON LEANDRO FERNÁNDEZ DE MORATÍN
> INSIGNE POETA CÓMICO Y LÍRICO,
> DELICIAS DEL TEATRO ESPAÑOL,
> DE INOCENTES COSTUMBRES
> Y DE AMENÍSIMO INGENIO.
> MURIÓ EL 21 DE JUNIO DE 1828.

En los otros tres lados de este mismo cuerpo hay elegantes dísticos latinos en esta forma:

> *Hic jacet Hesperiæ decus, inmortale Thalia*
> *omnibusque carum patriæ lugebit cirvem.*
> *Nec procul hic jacet cujus vestigia secutus,*
> *magnus scenæ parens, proximus et tumulo.*
> *Et post fata colit Jedus amicitia*
> Manuel Silvela

En el cuerpo bajo del sepulcro hay, las siguientes inscripciones en francés.

> *Concession a perpetuité six medres de terrain.*
> *Sepulture de la famille*
> *Silvela et de leur ami*

M. L. F. de Moratín

y más abajo en las lápidas de la derecha los nombres de los Señores Don Manuel Silvela, y Doña Micaela García de Aragón, su esposa, que yacen también bajo el mismo monumento que elevaron a la memoria de su ilustre amigo.

La idea de colocar los restos de este inmediatos a la tumba que encierra los del gran Molière, cuyas huellas siguió en vida y en muerte, fue una feliz inspiración, y parece que no dejó de haber inconvenientes para realizarla por estar de antemano ocupado aquel sitio por otras tumbas; pero todo fue vencido por la eficacia de los buenos amigos del poeta español, que reparando el injusto desdén de su patria, acertaron a colocarle al lado de su ilustre modelo, y del pintor fabulista, del filósofo Lafontaine.

Por último, inmediato a la tumba de Moratín, y antes de llegar a ella, se encuentra una magnífica losa de mármol negro elevada como una cuarta sobre el piso del jardín, y adornada con un relieve de bronce que representa un libro de música. En él se leen claramente algunos compases del Polo del Contrabandista, y sobre la lápida el nombre del distinguido cantor y compositor español que allí reposa, MANUEL GARCÍA.

Los demás cementerios públicos denominados de Montmartre, del Monte Parnaso, de Piepus, de Santa Catalina, del Calvario, y de Vaugirard, son, aunque más en pequeño, de la misma forma y disposición, y encierran muchos monumentos notables. Por último, las Catacumbas, inmensa extensión de bóvedas que corren por bajo de los cuarteles meridionales de París, es el sitio en donde reposan los restos de cuarenta generaciones, cuyo número de individuos está calculado en ocho veces la población viviente de la capital. Estos huesos formando el techo de la bóveda y el revestido de sus paredes, producen un aspecto singular y filosófico.

El lector que haya tenido paciencia para llegar hasta este punto de mi prolongada narración, habrá de disimular todavía las muchas omisiones, y suponer aún mucho más de lo que queda expresado; pero deberá hacerse cargo de la necesidad en que me veo de pasar con rapidez por tan extenso cuadro, que exigía otro espacio para ser desenvuelto convenientemente. Baste sin embargo lo dicho para mi objeto de dar algunas indicaciones útiles al viajero sobre los principales objetos que deben llamar su curiosidad, y deme el lector su venia para trazar en los últimos artículos las relaciones entre el forastero y los habitantes de aquella capital, y el cuadro animado de los espectáculos y placeres que tan grata hacen su mansión.

X. París

Se ha dicho, no sin fundamento, que al establecer una nueva colonia, lo primero que hacían los españoles era fundar un convento, los ingleses una factoría, y los franceses un teatro; y siguiendo esta regla de proporción, la capital de Francia debe tener, y tiene efectivamente, tantos espectáculos escénicos como establecimientos mercantiles la de Inglaterra, como iglesias y conventos poseía hasta hace pocos años nuestro Madrid. Prescindiendo del aparato teatral de la política, que en aquella capital, madre de las revoluciones, y aplicadora práctica de teorías, despliega su formidable aspecto civil o militarmente según las ocasiones; dejando a un lado también la escena viva de la sociedad, en la cual campea con todo su poder la inclinación, el instinto normal de los franceses hacia los juegos escénicos y su fingida declamación; haciendo abstracción de las recepciones oficiales de la corte en que un rey ciudadano (que representa felizmente su papel) contesta con largas peroratas poéticas a las no cortas que le dirigen los públicos funcionarios; o vestido con el uniforme nacional estrecha entre sus manos las de sus bravos camaradas que le hacen la guardia, y gasta y destroza un caballo y un sombrero pasando y repasando por entre sus filas; no cuidando tampoco del clásico espectáculo que ofrece en el palacio del Luxemburgo la cámara de los Pares, ni del vital y romancesco de la de Diputados en el palacio Borbón; no tomando en cuenta las aristocráticas escenas más o menos públicas de los salones del cuartel de San Germán, las financieras de la Chauseé d'Antin, ni las populares y plebeyas de las calles de San Dionisio y San Martín, en que todos los actores despliegan una singular habilidad escénica, una vis cómica y aparato teatral que ofrecen gratis, por su dinero, al peregrino espectador; limitándome, en fin, por ahora a los teatros y escenas propiamente tales, con sus decoraciones de cartón, y sus vestidos de oropel; a los actores fingidos que representan delante de actores verdaderos; a las farsas del genio que lucen su habilidad delante del genio de la farsa, y se encargan de divertir al pueblo más ávido de diversiones que existe en el mundo, haré una rápida reseña de ellos con la misma conciencia y brevedad con que he tratado de los establecimientos de otras clases.

Pasan de treinta los espectáculos públicos que alimentan diariamente la insaciable curiosidad de los parisienses, y ayudados unos con las crecidas subvenciones del gobierno, y fiados otros exclusivamente en la constancia de sus parroquianos, sostienen entre sí una magnífica lucha, que da por resultado el rápido vuelo del ingenio, la superioridad incontestable que en este punto tiene París sobre toda las capitales de Europa. Asombraría verdaderamente a mis lectores si trasladase aquí el simple resumen del número infinito de individuos empleados allí en esta profesión y sus dependencias; el cálculo aproximado de los capitales invertidos en ello; el movimiento intelectual a que da lugar, y sus consecuencias sociales y políticas; pero, prescindiendo por ahora de estas consideraciones, que me llevarían muy lejos de mi propósito, descenderé a las breves indicaciones de aquellos espectáculos que dejan el más grato recuerdo en la imaginación del viajero.

Colóquese en primera línea, y aun fuera de toda comparación, la Academia real de música, asombroso espectáculo lírico, que, según decía Rousseau, es de todas las academias la que más ruido hace en el mundo. En este teatro, como en todos los demás (aunque con muchísima mayor importancia), son tres los objetos que dividen justamente la atención del observador; a saber: el local de la escena, los espectadores, y el espectáculo. En cuanto al primero, puede asegurarse que aquella sala es una de las más ricas y elegantes que existen en Europa, y aunque en el exterior no ofrezca objeto de particular encomio, el interior es bello, rico, suntuosamente decorado, y de una extensión capaz de contener cómodamente sentadas dos mil y cien personas, cuya entrada llena produce unos doce mil francos (cuarenta y ocho mil reales). La costumbre seguida en éste como en la mayor parte de los demás teatros de París, es dividir el suelo de la sala en orquesta (que son las primeras filas inmediatas a ésta, y cuesta diez francos cada asiento), y parterre (que son los asientos de las demás filas, y cuestan cuatro francos cada uno); y las localidades altas en balcón o grada descubierta, que corre delante de los primeros palcos, en tres órdenes de éstos, y otra cuarta que sirve de galería general, bajo los nombres de anfiteatro, paraíso, etc. El balcón y los asientos de orquesta son los sitios privilegiados de la elegante concurrencia; los palcos o aposentos, cuyos precios varían según su altura o situación de frente o de costado (porque la forma circular o elíptica de los teatros franceses establece una notable diferencia en perjuicio de los lados), son por lo regular ocupados por las familias; y en las regiones elevadas, cuyo precio desciende en proporción de su altura, así como en los asientos de parterre, se colocan los aficionados cuyas módicas fortunas no pueden sufrir concurrencia con los guantes amarillos del balcón.

No es solo lo subido de los precios lo que hace molesta la asistencia a aquellos grandes teatros, sino la dificultad de obtener sitio, y las muchas diligencias que esta misma dificultad exige. Anúnciase, por ejemplo, una buena función para cualquiera de los días lunes, miércoles o viernes, únicos en que trabaja este teatro; si al espectador le es indiferente el precio, y si le sobra además tiempo para comprometerse de antemano, puede acudir la víspera o el mismo día al despacha a retener su asiento, escogiéndole o designándole en el plano del mismo teatro que está a la vista en la oficina; pero entonces tiene que pagar doce a quince francos por los asientos de diez, y así a proporción. Pero si no gusta de prodigar su dinero o su tiempo y solo se acuerda del teatro pocas horas antes de empezar la representación, preciso le será colocarse modestamente en fila en el pórtico del coliseo, aguardar allí una o dos horas la apertura del despacho, tomar su billete no numerado, cuando le toque llegar al ventanillo, y si aquél es, por ejemplo, de segundos palcos, subir apresuradamente la escalera para ganar por la mano a los que vienen detrás, solicitar luego humildemente el ser colocado por las nada amables y vetustas acomodadoras que guardan las llaves; recibir, por lo regular, de éstas una seca negativa, a pretexto de estar todo lleno; tener que bajar no menos rápidamente al despacho llamado de suplementos, donde pagando el exceso se le cambiará su billete por otro de superior categoría; acaso recibir nuevas negativas, y repetir otra y otra vez la misma operación, hasta que, colocado, en fin, en un rincón de un pequeño palco de cuatro asientos, y asestando oblicuamente su anteojo por entre un enorme gorro de señora y unas fecundas melenas de galán, puede aguardar allí otra hora a que comience la representación. Verdad es que para entretenerla tiene el Entreacto, el Vert-vert, el Puente-Nuevo y otros varios periódicos literarios, que son en la misma sala vendidos y pregonados en alta voz; o el programa del espectáculo, o el libreto de la ópera: o bien puede dejar sobre su asiento un guante, un pañuelo, en señal de posesión (señal que en honor de la verdad debemos decir que es generalmente respetada), y marchar a pasearse, y hacer tiempo en el magnífico salón de descanso (foyer) que por la animación y elegancia de la concurrencia es uno de los sitios más curiosos de París; una verdadera linterna mágica en donde suele ostentarse alternativamente todas las notabilidades políticas, literarias y artísticas de todos los países del globo, desde los reyes presentes y pretéritos hasta los genios futuros y en albor. Para un forastero (suponiendo a su lado un cicerone inteligente) es éste uno de los espectáculos más entretenidos y sabrosos; para un parisién com'il faut, el foyer y el balcón de la ópera son el verdadero teatro; la historia contemporánea literaria, política y galante, con cuyo interés pretende en vano competir el del espectáculo artificial, por grandes que sean su primor y magnificencia.

Sonlo sin embargo en realidad, y puede asegurarse que la Academia real de música, por la reunión de los talentos artísticos que en ella se desplegan, por la importancia de la grande ópera y baile pantomímico que constituyen su espectáculo, por el mérito de cantores, bailarines y orquesta, y por el magnífico aparato en decoraciones y comparsas, es el más admirable espectáculo escénico, la más armónica agrupación de todos los adelantos en el arte teatral. Con efecto, después de citar las grandes óperas de un Rossini, de un Meyerbeer, de un Aubert, de un Donizetti; Guillermo Tell y Roberto el Diablo, la Muda de Pórtici y la Favorita; los magníficos bailes pantomímicos de la Sílfide, la Rebelión del Serrallo y el Diablo enamorado; los admirables talentos y físicas dotes aplicadas al canto por el tenor Duprez, el bajo Barrouillet, madama Dorus-Gras y otros infinitos; la singular habilidad, el mágico artificio de las bailarinas Taglioni, Essler, y Paulina Lerroux; el talento mímico de los Elie, Mazurier, etc., etc.; después de contemplar los preciosísimos cuadros-diorama pintados por Cicerí, Philatre y Cambon, y las numerosísimas comparsas magníficamente ataviadas con toda la verdad histórica; después de ver, por ejemplo, los pintorescos lagos y montañas de la Suiza, y la animada escena de la conjuración en la ópera de Guillermo Tell; el bullicioso mercado y la admirable bahía de Nápoles en la Muda de Pórtici, el claustro iluminado por la Luna, y la escena de la resurrección de las monjas, o el interior de la catedral de Palermo en el Roberto el Diablo; la vista de la ciudad de Colonia en los Hugonotes; el alcázar de Sevilla en la Favorita; el desfile del cortejo imperial al final del primer acto de la Judía; el baño de las odaliscas en los jardines de la Alhambra en el baile de la Rebelión del

Serrallo; el baile de máscaras en el Gustavo III; el vuelo admirable de las ninfas en la Sílfide; el mercado de Ispahan, y el infierno en el magnífico baile de el Diablo enamorado; admirable espectáculo que en el invierno último ha cautivado la atención de todo París, y formado una gran reputación de talento mímico a la bailarina Paulina Lerroux, ¿qué otro espectáculo pudiera ya parecer grandioso? ¿qué nuevos goces exigir ya los sentidos?

Hay sin embargo en el mismo París otro teatro que por sus circunstancias peculiares, y aunque sin tantas pretensiones, divide justamente la atención de la sociedad escogida, y es el de la opera Italiana, que accidentalmente se halla situado en el teatro del Odeón, desde que hace pocos años pereció el suyo propio en un violento incendio. El teatro actual está situado muy lejos del centro de París, y ni la disposición interior de su sala, ni el mérito de sus decoraciones, comparsas y aparato escénico, merecen el más mínimo elogio; pero para justificar la vega que disfruta y lo elevado de sus precios, baste decir que en él despliegan sus talentos los artistas Rubini, Tamburini, Lablache, la Julieta Grisi y la señora Persiani, que son considerados, con razón o sin ella, como las primeras notabilidades líricas de Europa. Vinculados, por decirlo así, hace diez años en este teatro y en el real de Londres, trabajan en París desde el día primero de octubre hasta el último de marzo, lo que está muy en armonía con las costumbres de la brillante sociedad que frecuenta aquel teatro, y suele pasar en el campo los meses del estío; hasta que, a la proximidad del invierno, abandona sus quintas y castillos, y corren a escuchar a sus transalpinos ruiseñores. Éstos, por su parte, regresando de sus correrías a Londres y otras capitales, vienen cargados de laureles, de guineas y florines, a recoger nuevas coronas en su sala privilegiada, en su sala coqueta, aristocrática, y perfumada del Odeón. En ella encuentran reunida la sociedad más brillante de Europa; la nobleza francesa, los diplomáticos y viajeros extranjeros, los artistas y entusiastas aficionados que de regreso a sus hogares se encargan de difundir por todas partes la fama de aquellos genios de la armonía. Pero esta misma fanática adoración (que tal puede llamarse) hace que aquellos artista descuiden el aumentar su repertorio, y presenten al público parisién las muchas novedades de la lira italiana; pues seguros, como están, de sus sesenta, ochenta y cien mil francos anuales, y de ver todas las noches la casa llena de espectadores dispuestos a prodigarles sus bravos y laureles, repiten constantemente las piezas más conocidas, aunque buenas, del antiguo repertorio de Rossini y Bellini; la *Gazza ladra*, *La Cenerentola*, *Il Barbiere*, *Moisés*, *Norma*, *I Puritani*, *Pirata*, etc., etc., y con dificultad ofrecen una más moderna en toda la temporada, como ha sucedido en este año último con sola la *Lucrecia Borgia*, de Donizzeti. Pero todo se les tolera, y hasta el completo descuido del aparato escénico y aun lo muy subalterno de las partes secundarias, en gracia del eminente talento y facultades que despliegan los cinco artistas ya citados.

    La ópera-cómica francesa es el tercer teatro lírico de París, y ocupa un bellísimo edificio construido modernamente sobre las ruinas del antiguo teatro italiano que se incendió. Por su situación, en lo más céntrico del boulevard, por la elegante disposición de su sala, y por cantarse en ella la ópera bufa y semiseria francesa, con su música propia y nacional, sin mezcla de italianismo o germanismo como en la Academia real de música, es uno de los espectáculos más frecuentados por el público propio parisién; si bien el extranjero no halla en aquella música motivos de entusiasmo, ni tampoco en la medianía de los cantantes, entre los cuales figuraba en este año el bajo Botelli que tuvimos hace años en Madrid, y una hija de la señora Loreto García.

    El Teatro francés, situado en uno de los ángulos del Palacio real, es el primero de declamación en aquella capital, y por el admirable conjunto de los talentos artísticos que en él se reúnen puede llamarse digno trono donde campean noblemente los ilustres genios de Molière, de Racino y de Corneille. El que quiera ver hasta qué punto puede llevarse la verdad escénica, la dignidad y la nobleza en la acción, la expresión sublime de las más profundas emociones del ánimo, la pureza de la dicción, y demás circunstancias que constituyen el encanto del arte teatral, no tiene más que asistir en el teatro francés de la calle de Richellieu y a cualquiera de las tragedias o comedias de la escuela clásica representadas por sus eminentes actores. Descuellan al frente de todos ellos la célebre trágica Rachel Felix, joven artista que por un don particular del cielo se ha colocado improvisamente a una altura superior sobre todos los actores contemporáneos, y es el más digno intérprete que acaso hayan tenido nunca las sublimes concepciones de Corneille y de Racine. No es fácil decir en cuál de sus cualidades artísticas consiste su mérito principal; porque todo en ella es armonioso y conveniente, todo noble y verdadero. Dignidad y magnífico aplomo en la posición de la figura, decoro y majestad en la acción, ternura y sublimidad en la expresión de los afectos, excelente voz, pura y delicada dicción, y un cierto sabor antiguo y monumental que sabe prestar a todas las grandes figuras que traslada a la escena, Phedra, Camila, Hermione, Rojana y Esther, que producen en el espectador un sentimiento indefinible de sorpresa y de grata satisfacción. A igual elevación, aunque en el género cómico-urbano de la alta comedia de Molière, se ha sostenido constantemente hasta el invierno último, en que acaba de retirarse de la escena, la célebre señora Mars, la tradición viva de los recuerdos de la buena escuela, que a despecho de la edad ha sabido sostener su inmensa reputación artística durante medio siglo. Molière, y Beaumarchais han perdido en ella su mejor intérprete, y los apasionados a Celimena y a Susana renuncian ya al placer de verlas dignamente representadas. Entre los actores del primer teatro francés alcanzan en el género cómico la mayor altura los señores Monrose y Samson, aquél, verdadero tipo del Fígaro de Beaumarchais, y de los Seapin de Molière, y éste entendido intérprete de los cuadros políticos de Scribe, de las difíciles creaciones de Bertran de Ranzaw y del lord Bolimbroke. En el género trágico, el más atrevido es Ligier, el cual en los Hijos de Eduardo y otras tragedias modernas ha suplido en lo posible el inmenso vacío que Talma dejo. En segunda línea aparecen los señores Firmin, Beauvallet, Saint Aulaire y otros, y las señoras Noblet, Menjaud, Plessi, la hermosa reina Ana, y Doce, la bellísima Abigail en el Vaso de agua, admirable comedia de Scribe que se estrenó en aquel teatro el invierno último.

    La escuela apellidada romántica, que hace pocos años levantó su turbulento pendón con la pretensión de hacer olvidar y aun silbar como imbéciles las admirables producciones de Racine y de Molière, y sustituirlas por los delirantes ensueños de una rica fantasía, no pudiendo hallar fácil entrada en el templo de las artes clásicas, en el teatro de la calle de Richelieu, que a duras penas se permitió una muestra en los mejores dramas de Víctor Hugo y Dumas, Hernani, Antoni y Marion, se dirigió con todo su aparato feudal de horca y cuchillo a uno de los teatros del Boulevart, el de la puerta de San Martín, donde pudo ampliamente desplegar todos sus gigantescos medios para electrizar y seducir a una generación deseosa de grandes sensaciones, a un público entusiasta y amigo de la novedad. El gran talento que sin justicia no pudiera negarse a Hugo, a Dumas, Soulié y algún otro de los jefes de aquella escuela, unido al que desplegaban en la ejecución los actores Bocage y Lokroy, las actrices Georges, Dorval y otros de este teatro, le hicieron contrabalancear y aun eclipsar por algunos años la gloria del primer teatro francés; en el día los autores románticos están ya muy lejos de Lucrecia Borja y Ricardo Darlington, y el teatro de la puerta de San Martín ha vuelto a entrar en su orden inferior, si bien conservando el privilegio de los reales adulterios, y de los mantos de púrpura arrojados en el lodazal.

Los otros teatros del Boulevart, llamado por esta razón del crimen, que reparten con el de la puerta de San Martín el abasto de las lágrimas frenéticas y de las crispaciones nerviosas, son el del Ambigú y el de la Alegría, y en ellos lucen sus sanguinolentas novelas dialogadas los Víctor Ducange, Buchardy, Ancelot y otros. Allí está la originalidad de muchos de nuestros ingenios; de allí vienen en fantástica nube el Jugador de los treinta años, el Campanero de San Pablo, Lázaro el pastor, Los perros de San Bernardo, y otros infinitos héroes más o menos patibularios o cuadrúpedos, que no contentos con extasiar y hacer llorar a todo trapo a las grisetas parisienses, aprenden un tantico de lengua castellana, bajo la dirección de cualquiera de nuestros literatos, y se introducen en las escenas de la calle de la Cruz o del Príncipe para edificación de nuestro pueblo y encanto de nuestra sociedad. Federico Lemaitre es en París el actor tipo de aquellos dramas, y uno de los más favoritos, si no el primero, entre todos los que trabajan en los teatros de París.

El Vaudeville, comedia de costumbres populares que a tal punto de perfección han llevado los ingenios franceses, y a su frente la célebre empresa literario-mercantil conocida por la razón de Scribe y Compañía, que lleva ya más de cuatrocientos dados a la escena, se reparten los teatros del Gimnasio, el Faudeville, las Variedades y el Palacio real, y en todos ellos es mucho lo que hay que admirar en el conjunto del desempeño por parte de los actores: Boufé, Lepeintre y la señora Brohan en el Gimnasio, se distinguen por la delicadeza y franca naturalidad de su expresión: Odri y Vernet son los héroes de la farsa y del bajo cómico en el teatro de las Variedades: Arnal es el tipo del Vaudeville; y la Dejacet la heroína de las picantes intrigas del Palacio real.

En cuanto al género de estas composiciones, nada diremos por ser harto conocidas de nuestro público, y únicamente halla de extraño en ellas el extranjero la indiscreta mezcla de diálogos hablados y coplillas cantadas, lo cual, además de absurdo, es ridículo en boca de actores nada propios para el canto.

Además de estos teatros hay otros muchos subalternos sin género propio, y viviendo por lo regular de las piezas rehusadas por los demás: tales son los del Panteón y Luxemburgo, las Locuras-dramáticas, y el Café espectáculo, y otros. Hay también dos teatros infantiles, el de Mr. Comte y el Pequeño Gimnasio, en donde son niños los actores que demuestran lo que arriba dijimos, a saber: que todo francés nace cómico, y que allí es naturaleza lo que en otras partes producto del arte. Por último, son varios los teatrillos de figuras y sombras, entre los cuales los más notables son los de madama Saqui y el de Serafín.

Pero otro espectáculo existe en París que rivaliza en ostentación con los primeros de la capital, y excede casi a todos en popularidad; y este espectáculo es el Circo Olímpico, sobre cuya portada se lee el pomposo rótulo de Teatro Nacional. Dedicado, en efecto, a presentar al pueblo escenas de magnífico aparato teatral y ecuestre, tomadas las más veces de su propia historia contemporánea, y sobre todo de la más popular, que es la del emperador Napoleón; reuniendo a sus grandiosas proporciones la pompa de su decoración, el numeroso cortejo y habilidad en hombres y caballos; y auxiliado por autores especiales que conocen el lenguaje y las inclinaciones del pueblo, y saben halagarlas, no es nada extraña la importancia que disfruta aquel espectáculo, y que hasta pretenda rivalizar con el gran teatro de la calle Lepelletier. Con efecto, a los coros y danzas de la Ópera, opone el Circo sus batallas formales, sus ejércitos numerosos, sus asaltos de fortalezas, sus ciudades incendiadas, sus jinetes, caballos y cañones; el aparato de Roberto el Diablo y de los Hugonotes en la ópera, tiene que ceder ante el que despliega el Circo en las mil escenas de El Hombre del siglo, o El último voto del Emperador; y añádase a esto que allí la historia es cierta, los actores ciertos también. El Circo no es propiamente un teatro; es un campo de batalla: allí no se representa la comedia, allí se repite la historia: el actor que representa a Napoleón es el objeto del entusiasmo de toda la compañía: la guardia imperial es un ascenso en ella, y las filas de los austriacos, ingleses o rusos un castigo: no hay que animar allí a los actores para correr al combate; por el contrario, hay que detenerlos para que no se maten de veras; escogidos casi todos ellos entre las filas de los veteranos del ejército, se entusiasman con sus recuerdos. Cuando suena el cañón, cuando huelen la pólvora, cuando ven delante de sí uniformes blancos o colorados y un público que aplaude y les excita con los gritos de «¡viva la Francia, viva el Emperador!» entonces no son ya actores, son verdaderos soldados, y el drama se ha convertido en historia. En este último invierno ha ocupado al Circo la representación exacta y gigantesca de la traslación de las cenizas de Napoleón desde la isla de Santa Elena a los Inválidos de París, y era ciertamente original, además de lo grandioso del espectáculo, el ver figurar y hablar en él a varios de los personajes de la comisión de Santa Elena; de suerte que hubo noches que había un general Bertrand entre los actores, y otro entre los espectadores; un Gourgaud en un palco, y otro en la escena; un Lascasas hablando, y otro oyéndose hablar; y si no sacaron a la escena al mismo hijo del rey de los franceses, príncipe de Joinville, fue porque no asistió a la exhumación.

 Otros muchos espectáculos reparten entre sí el resto de la concurrencia, especialmente en invierno, en que todos son pocos para el crecido número de aficionados. Entre ellos sobresalen los conciertos públicos del Conservatorio, y del salón del pianista Hertz, local suntuosísimo y elegante, capaz de ochocientas a mil personas de entrada, en donde se encuentra alternativamente a todas las notabilidades filarmónicas de París, y pudiera decir de Europa, pues de todas partes van allá a recibir lo que pudiéramos llamar la consagración artística. En este invierno se ha oído allí con entusiasmo, además de todos los cantantes de los teatros de la capital, a la señora Paulina García, hermana de la célebre Madama Malibran, y también han lucido sus talentos la señora Grisi más joven, la Marieta Albini, tan célebre otro tiempo en Madrid, el señor Puig tan justamente apreciado en nuestros salones particulares, el famoso pianista Listh, los violinistas célebres Vieuxtemps y Hauman, el arpista Labarre, y otros nombres igualmente distinguidos en las artes. Hay además para recurso de los desocupados, y grato entretenimiento de las primeras horas de la noche, dos conciertos instrumentales, públicos y diarios, en los extensos salones de las calles de Vivienne y de San Honorato, donde por un franco de entrada, se encuentra un bellísimo local, una concurrencia constante y generalmente fina, y una orquesta numerosa que ejecuta con primor las bellas composiciones de Straus, Bettoven, Musard, Valentino, Jullien, Fessi, y demás autores de moda.

Si a todos estos espectáculos añadimos la multitud de bailes públicos, serios y burlescos, enmascarados y sin disfraz, campestres y villanos, en mil establecimientos intra y extramuros, decorados con los nombres exóticos y pomposos de Tivoli, Frascati, Vauxall, Ranelahg, La Chaumiere, L'Ille d'Amour, Idalia, el Prado, y el Retiro; las varias exposiciones ópticas, como el diorama del Incendio de Moskou, el navalorama de las campañas marítimas, el cosmorama, georama, etc.; los experimentos de física, microscopios solares, linternas mágicas, electricidad y magnetismo, somnambulismo y adivinación; los ventrílocuos y prestidigitadores, los indios juglares, e indianas bayaderas, los volatines intrépidos, y autómatas cubileteros; los monstruos humanos, las figuras de cera, perros sapientes, pájaros obreros, pulgas maravillosas, serpientes danzarinas, y tigres domésticos; los juegos de bochas, las riñas de gallos, los combates de fieras, y carreras de caballos; y otros mil ingeniosos espectáculos que a cada hora, a cada paso se reproducen sin cesar; habrá de convenirse en que aquel pueblo es un verdadero laberinto de la imaginación, un embrollo de los sentidos.

XI. París

En los anteriores artículos he seguido, aunque ligeramente, al extranjero en sus excursiones parisienses, e indicádole aquellos objetos que naturalmente deben fijar su atención y su estudio. Procuraré en el presente (último de los seis que dedico a describir aquella capital) acompañarle en el sistema de su vida privada, presentando la relación del individuo con el caos de confusión que ofrece tan inmenso pueblo, y algunas observaciones sobre el modo de vivir de sus habitantes.

Todas las comodidades que exige el bienestar material le son ofrecidas, como ya queda demostrado, al forastero que llegando a París con buena voluntad y recursos pecuniarios, quiera aprovechar su tiempo, y tomar parte en el sin número de goces con que le brinda el interés ajeno. Tiene para su mansión centenares, miles de casas públicas, donde es recibido con decoro y aun magnificencia, según sus facultades, pudiendo situarse convenientemente y en los mejores barrios de la capital, mediante una justa retribución, desde la modesta suma de un franco diario, hasta la de veinte o veinte y cinco y más. Suponiendo que el forastero no sea un pobre estudiante de los que escogen la primera de aquellas moradas, en las calles de Santiago o de la Harpe, ni tampoco un lord ingles o un grande de España de los que asisten frecuentemente en el Hotel Meurice, o en el de Castilla, puede asegurarse que por sesenta a ochenta francos al mes hallará una cómoda y linda habitación en cualquiera de los Hotels de las calles de Richellieu, San Honorato, el Boulevard, etc., y en él se verá asistido con todo el esmero que puede desear. Lo regular es que el forastero pague aparte en el mismo hotel su desayuno, y que salga a comer en cualquiera de los numerosos Restauradores (fondas), que existen en todas las calles de París. Estos restauradores, llamados así por la singular ocurrencia del primero de ellos que puso por enseña el texto sagrado Venite ad me omnes qui stomaco laboratis, et ego restaurabo vos, son una de las especialidades de París, por su magnífica decoración, su elegante servicio, y lo exquisito de su mesa; y a ellos acude constantemente, no solo la inmensa falange de forasteros, sino también gran parte de la población parisién, en especial los celibatos y gente joven; siendo por manera interesante el espectáculo que presentan desde las cinco a las siete de la tarde, en que se verifica la comida; iluminados lujosamente, llenas todas sus mesas de concurrentes, agitados por las idas y venidas de multitud de criados apuestos y serviciales, y regentados por elegantes damas que los presiden desde un rico bufete. Es preciso convenir también en que si hay pueblos privilegiados por su situación local, en los cuales pueden gustarse los manjares más exquisitos que ofrece la naturaleza, ninguno, sin embargo, puede competir con París en el arte singular con que allí se sabe prepararlos, de suerte que es preciso un mal estado de salud, o una costumbre inveterada de sobriedad para no pecar de gastronomía en los seductores salones de Veri, y de Vefour, de los Hermanos Provenzales o del Rocher de Cancale. Asombra verdaderamente la contemplación de sus libros, que no listas, de artículos de consumo; confunde y embrolla la nomenclatura fantástica de sus salsas; y seduce naturalmente y satisface el aseo y limpieza de su servicio, el ingenio y la novedad de su condimento. Supongo igualmente que el forastero tampoco querrá frecuentar todos los días aquellos privilegiados templos de la gula, ni gastar en ellos quince o veinte francos para su ordinaria refacción; pero tiene en su mano el ir descendiendo a otros establecimientos más modestos, hasta los numerosos del Palacio Real, en donde por dos francos se le sirve una sopa, tres o cuatro platos de guisos o asados, y un postre, con el pan y vino correspondiente, y todo bien condimentado, aunque no de tan claro origen ni bien demostrada alcurnia. El término medio son los restauradores del Boulevart, donde, pidiendo los platos por lista, y reuniéndose dos amigos, pueden hacer una excelente comida por cuatro a cinco francos cada uno.

Para abrir el apetito o para procurar una buena digestión hay también hermosos paseos en los llamados Campos Elíseos, de una prodigiosa extensión, y en los bellísimos jardines de las Tullerías y del Luxemburgo, en todos los cuales, y según las respectivas estaciones y horas, asiste una crecida concurrencia, ora de niños juguetones y de descuidadas niñeras, ora de forasteros y desocupados, ora en fin de una parte de la brillante sociedad parisiense. El paseo, sin embargo, en aquella capital no es una necesidad diaria y obligada como en la nuestra, por varias razones que se deducen del clima, del distinto repartimiento de las horas del día, de las distancias, y de la mayor ocupación; así que, solamente en días muy claros y despejados de primavera y otoño, puede caracterizarse de paseo elegante el jardín de las

Tullerías o los Campos Elíseos, pero nunca (proporción guardada) presentan el conjunto halagüeño y aun magnífico que el Prado de Madrid en una hermosa mañana de invierno con su elegante concurrencia y la mezcla lujosa de las modas nacionales y las extranjeras; porque es de advertir también que París, el gran taller de la moda, es uno de los pueblos en donde se viste con más descuido y afectada sencillez, especialmente en público, dejando la brillantez del lujo y los caprichos de la moda para la sociedad privada, o cuando más para el balcón de la ópera.

Tiene, en fin, el forastero siempre dispuestos a servirle de brújula en tan inciertos mares, domésticos inteligentes, que, mediante su convenida retribución, le iniciarán prácticamente en todas las revueltas de la ciudad, le mostrarán sus tesoros, y le servirán en los primeros días de hilo conductor en tan intrincado laberinto. Tiene facultad por una corta suma de tomar un aire más o menos importante, valiéndose desde el modesto cabriolé de place, a razón de seis reales por hora, hasta el elegante landaw de cifras y armaduras anónimas. Tiene sastres afamados que en el corto término de veinte y cuatro horas rehabilitarán su persona con todo el rigor de la moda, tiene perfumistas y peluqueros que harán por borrar de su semblante las huellas del tiempo o del estudio; tiene empíricos que le ofrecerán elixires de larga vida, y curarle de sus enfermedades por ensalmo; tiene camaradas que encontrarán su talento a cambio de un billete de la ópera, o de un almuerzo en el café de París; tiene mujeres que le entregarán su corazón y dependencias por un tanto al mes.

En medio de todo este aparato de compañía, y rodeado de toda esta nube de obsequios, el extranjero acaba por echar de ver que está solo en medio de un millón de personas; acaba por entregarse al fastidio en medio de la más agitada existencia -¿Qué es lo que le falta? (se dirá). -¡Qué! ¿no lo han adivinado mis lectores? le falta la sociedad íntima y privada, aquélla que produce las verdaderas relaciones del corazón, aquélla que causa los más dulces y tranquilos goces del alma. Esta sociedad, esta grata concordancia, no vaya el extranjero a buscarla en un pueblo extraño, inmenso, agitado y egoísta; y en el momento en que, saciado de su bullicioso espectáculo, se le revele aquel vacío, vacío para llenar el cual son insuficientes todos los halagos brillantes de los sentidos, abandone inmediatamente aquella fantástica escena, y sálgase del torbellino en cuyo centro permanece ya inmóvil y yerta su imaginación. Porque en aquella indiferente sociedad, de cuyo conjunto no forma parte, hallará, sí, aduladores de su fortuna, cómplices en sus devaneos; pero no amigos desinteresados y firmes, ni compañeros en su adversidad; porque tendrá, sí, abiertas a su persona, o más bien a su bolsillo, todas las puertas de los espectáculos, todas las casas en que se reúna una interesada sociedad; pero le serán cerradas las de la vida privada, el interior de la familia, que en vano pretenderá conocer; porque acaso recibirá de vez en cuando una elegante invitación a un festín, o a una soirée de su banquero de la Chauseé d'Antin, o de sus relaciones del cuartel de San Germán; pero pasarían muchos años antes que una familia respetable le reciba en el reducido círculo de su gabinete, donde pueda aprender los verdaderos caracteres y costumbres de la vida privada. La desconfianza natural en pueblo tan heterogéneo; el egoísmo que inspiran el cálculo y el interés; la agitación continua, hacen que el habitante de París sea, en efecto, el único misterio inaccesible al extranjero, la única cosa que se escapa a su investigación. Aun sus propios convecinos no son los mejores jueces en la materia, porque ellos mismos no se estudian ni frecuentan entre sí, y a no ser una parte de la sociedad que como más disipada se ostenta diariamente con su pomposo aparato de pasiones exageradas (que es la sociedad casi incomprensible que nos retratan los Balzac, Soulié y Sand, en sus ingeniosas novelas) las demás afecciones privadas permanecen modestamente ocultas tras de la brillante escena del gran mundo. Sin embargo, de algunos datos o indicaciones que se escapan al través de tan espesa nube, viene a deducir el extranjero, que el interés egoísta es la base principal del carácter de aquel pueblo, y que sacrificando a él alternativamente ya los sentimientos más sublimes, ya las inclinaciones más rastreras, se abrazan con el trabajo, y ahogan el vuelo de la fantasía y los tiernos impulsos del corazón. La familia allí bajo este aspecto es más bien una asociación mercantil que una agrupación natural. El marido y la mujer son trabajadores y consecuentes, más por cálculo que por virtud; su amor amistoso está fundado en el mutuo interés de la sociedad; y los hijos, mirados como réditos de aquel capital, son entregados a ganancias en manos de sus preceptores para enseñarles una profesión u oficio, para adquirir conocimientos que hagan más crecido su valor. Todo lo que a esto no conduzca lo miran como inoportuno y hasta incómodo, y por eso rehuyen la sociedad frecuente y exterior, y por eso ponen delante del dintel de su puerta el misterioso emblema de la etiqueta que parece decir al indiscreto «No has de pasar de aquí»; y por eso acaba el extranjero por aburrirse en un pueblo donde nada puede ver sin pagar su billete, en un teatro donde no puede nunca llegar a ser actor.

¡Qué diferencia de nuestra sociedad castellana, donde la franqueza natural, la amabilidad y el desprendimiento abren de par en par las puertas al recién venido, y a dos por tres le brindan aquella expresiva fórmula de «esta casa está a la disposición de usted»! Aquí los dones privados del ingenio son prodigados con amabilidad y sin interés alguno; aquí, sin hipocresía, sin reserva, se ponen de manifiesto los más oscuros senos del corazón; aquí nadie calcula el timbre ni la riqueza del presentado para medir sus palabras, ni profundizar sus cortesías; aquí las prendas naturales, el talento, la belleza, o una galán cortesanía, bastan para hallar en los labios una grata sonrisa, un lugar privilegiado en el alma. Aquí los talentos de sociedad se brindan gratuitamente en reuniones amistosas, no en círculos pagados y públicos; aquí los artistas, los poetas, hacen sonar los ecos de su voz, y de su lira, para recreo de sus amigos, no por una mezquina especulación; aquí cuando llega un extranjero, sea diplomático altisonante, amigo o enemigo de nuestro país, sea pedante literato, despreciador injusto de nuestras costumbres, sea especulador industrial que venga con deseo de abusar de nuestra buena fe, se le recibe y obsequia a porfía en nuestros liceos y sociedades privadas; se le hace un lugar (¡acaso demasiado!) en nuestras almas; se le adula imprudentemente, y se le confían los datos para que luego sirva contra nuestra política, revele y exagere nuestros defectos, engañe y comprometa nuestro interés.

Sirva de aviso a nuestros compatriotas, que en vano pretenden encontrar nada de esto en los pueblos extranjeros, y singularmente en París: que aun el agradecimiento no tiene lugar en quien cree que el agasajo nuestro es un tributo debido a su superioridad y en quien suele pagar nuestra amistad con una afectada cortesía la más pequeña prueba de amor con infamante vanagloria. Sepan nuestros literatos (que tan ávidos son de traducir las más mezquinas producciones de los ingenios de allende Pirineos) que las suyas son allí completamente ignoradas, y sus nombres mirados con el más injusto desdén: sepan nuestros políticos, que tanto se afanan en remedar a los modelos extranjeros, que sus ridículos esfuerzos son mirados con sonrisa en los altos círculos del cuartel de San Germán o de la plaza de San Jorge: sepan nuestras jóvenes, que su amor o su amistad, si indiscretamente los brindasen, pueden servir de pretexto a novelas y dramas ridículos, en donde se convierten en caricatura los más nobles sentimientos; y sepa en fin el viajero, que al llegar a aquella capital no puede contar seguramente con amistades sólidas, y que a su salida no dejará tampoco relaciones de corazón.

Por fortuna existen en ella siempre compatriotas de todo viajero, en cuya compañía se hace casi indiferente la dificultad del trato indígena, y ésta es una razón más para que el extranjero pueda pasar en París una temporada agradable, por ejemplo, de un año, pues prescindiendo de las satisfacciones privadas, la vida pública le ofrece bastantes para no echar de menos aquéllas.

El día primero del año abre magníficamente aquel animado espectáculo, con el singular que ofrece el movimiento de la población, que en aquel día celebra con suntuosas visitas y regalos amistosos y de familia los estrenos de año nuevo; y es imponderable el soberbio aparato, que en muebles y alhajas de valor, dulces y chucherías desplegan todas las tiendas y almacenes, y el considerable número de millones de francos puestos en circulación para satisfacer esta costumbre, explotada, como todas, por el interés y el cálculo parisién. Viene luego el carnaval con su estrepitoso aparato de orquestas y danzas: todos los salones de las altas aristocracias nobiliaria y mercantil, empezando por los regios de las Tullerías, a concluir en los de los especuladores afortunados de la bolsa, desplegan en esta temporada su respectiva magnificencia, en bailes serios, o disfrazados (sin careta), y en magníficos conciertos y soirées, entre las cuales las más de buen tono son las del cuartel de San Germán. El pueblo en general tiene también abiertas y brindándole las puertas de todos los teatros y otros establecimientos públicos, desde el magnífico salón de la ópera, hasta la hedionda escena de la Courtille, donde puede entregarse libremente a aquella alegría frenética, a aquel vértigo febril que agita en semejante caso a aquella entusiasta población. La máscara francesa no conserva nada del carácter galante de la italiana y española, y más bien es un salvo-conducto de demasías, un obsceno emblema de impudor. ¡Lástima causa que salones tan magníficos y bellos como los de la Academia Real de Música, los del Renacimiento, y la Ópera Cómica, sirvan de escena a aquellas turbulentas y asquerosas bacanales en que cinco o seis mil personas fuera de sí parecen dominadas por un espíritu infernal! Excusado es decir que la sociedad escogida no asiste a semejantes reuniones, y solo como mera espectadora y en una interminable fila de coches se presenta el martes de carnaval lo largo de los Boulevares, para ver la grotesca procesión del Buey gordo, enorme animal que, revestido de guirnaldas, emblemas y colorines, es paseado pomposamente con una lucida comitiva de sátiros, salvajes, turcos, beduinos, y ninfas de lavadero.

Los teatros y diversiones públicas siguen sin intermisión durante la cuaresma, y el viernes santo por la tarde se tiene en dirección del bosque de Boloña, el gran paseo conocido por Longehamps, del nombre de una antigua abadía que no existe, y a que acostumbraba en otro tiempo acudir la población parisién; el cual paseo, por la multitud y belleza de los carruajes, caballos, trajes y modas que en él se desplegaban, vino a ser el día que formaba época de la moda anual. Hoy ha decaído mucho de esta importancia, y los forasteros que van solícitos a presenciar aquel espectáculo, suelen ser sin advertirlo los únicos actores de él.

La primavera en París viene a ser una pura metáfora, pues en realidad puede decirse que allí no se conoce más que un prolongado y rigoroso invierno que dura desde noviembre hasta mayo inclusive. Durante él las lluvias, las nieves, los fríos excesivos, alternan sin cesar con una espesa niebla que embarga casi de continuo el Sol, y penetrando su humedad en los cuerpos, produce un mal estar indefinible, un tedio singular; y a veces impregnada en pestilentes miasmas causa irritaciones de nervios, ardor en los ojos y en la garganta, y jaquecas agudas. No hablemos de los demás inconvenientes producidos por la humedad constante del piso, ni del espectáculo inmundo que ofrecen las calles en meses enteros de lluvias y nieves, ni de un frío, en fin, hasta de quince grados por bajo de cero que permite a los aficionados pasear tranquilamente sobre el Sena. Sin embargo, algunos días de marzo y de abril suele acertar el Sol a dominar la espesa bruma que le envuelve, y en ellos es por manera agradable el paseo de dos a cuatro de la tarde por el animado boulevard de los Italianos, o por las hermosas losas de la calle de la Paz, sitio privilegiado de la más brillante concurrencia. El 10 de mayo, como día de la festividad del rey, hay (además de la gran recepción y peroratas del palacio) muchas fiestas públicas, fuegos artificiales, cucañas, carreras en barcas, iluminaciones, etc., las cuales fiestas se reproducen oficialmente en los días 29, 30 y 31 de julio, aniversarios de la revolución de 1830; y en ambas ocasiones el pueblo de París acude sin tomar parte y como simple espectador. Porque aquel pueblo no tiene como todos los demás su fiesta propia o patronal, y aun las religiosas le son indiferentes; de suerte que los días de la Semana Santa, del Corpus, Pascuas y demás, y hasta el de Santa Genoveva, venerada antiguamente como patrona de París, pasan en él desapercibidos, y solo los días de fiesta nacional como los arriba citados son los que le reúnen en común solaz. La exposición anual de pinturas en el Louvre, y la de la industria, cada cuatro años, son espectáculos también que animan la primavera en aquella ciudad.

Llegados los ardores de Junio, toda la sociedad que se respeta huye lejos de los muros de la capital, y van a guarecerse cuál a su lejano castillo de la Bretaña, cuál a su magnífica quinta de la Turena, éste a los elegantes baños de Spa o de Wisbaden, aquel a su modesta posesión de Montmorenci o de Passy. Y los que obligados por sus ocupaciones tienen que estar condenados a permanecer en la capital, aprovechan la ocasión de los domingos para lanzarse fuera de barreras en omnibus, fiacres, coucous, diligencias y vhagones; en barcos por el río, o arrastrados por el vapor en los caminos de hierro; corriendo a saborear las delicias del campo, aunque no sea más que a una GUINGUETA (especie de establecimientos campestres como la Minerva de nuestro Chamberí), a un tiro de bala de la capital. Otros mejor aconsejados desembarcan a millares en las animadas fiestas patronales de los pueblos del contorno, visitan sus bosques y deliciosas florestas, consumen alegremente sus provisiones sobre la verde alfombra o bajo un pintoresco templete dedicado Al amor puro y fiel por el dueño de una fonda o el director de una sala de bailes, donde se pagan dos reales de entrada y las señoras gratis. O bien, aprovechando la feliz aplicación de los caminos de hierro, se trasladan en pocos minutos a la magnífica terraza de San Germán, o a la animada feria y bellos parques de San Clond; o visitan la admirable fábrica y museo de porcelana de Sevres; o el soberbio pensil y deliciosos bosques de Versalles. Este último sitio en particular es objeto de especial peregrinación, y la doble fila de carriles de hierro establecidos últimamente a una y otra orilla del Sena, permite tal frecuencia de comunicación con la capital, que en cualquiera de los domingos del verano en que corren las fuentes del parque, o se permite al público la entrada del palacio, puede calcularse en treinta mil y más personas las que en numerosos convoyes de quinientas o seiscientas cada uno, se trasladan durante el día a aquella ciudad. No es solo el famoso palacio y los ricos e inmensos bosques y jardines de Luis XIV lo que tiene que admirarse en ella; es también el grandioso monumento levantado por Luis Felipe a la gloria nacional en el Museo histórico que ha mandado reunir en su rico palacio; interminable galería en que se ven reproducidos en el lienzo y en la piedra todos los hechos memorables de la historia francesa desde la antigua monarquía de Clovis hasta la actual de 1830; todos los retratos de personajes notables, monumentos artísticos, y un sin número de otros objetos análogos que exigen muchas visitas a aquella encantadora mansión.

El espectáculo de las ferias de San Clond y San Germán es otro de los más animados y pintorescos que verse puedan; pues en él vienen a reunirse lo hermoso el sitio de la escena, extensos bosques y bellísimos jardines; numerosa concurrencia de la capital y sus cercanías, e infinito número de tiendas provisionales improvisadas a lo largo de los paseos; con los innumerables y variados episodios que producen multitud de salones públicos de bailes, teatrillos de tablas, exposiciones de monstruos, juegos de manos, y experimentos de física recreativa. Es preciso asistir a semejantes farsas para conocer hasta donde alcanza el deseo de la ganancia en aquellos industriales, para conocer y admirar los ingeniosos medios de charlatanería que despliegan los saltimbanquis. Este tipo, otro de los que abundan en la baja sociedad francesa, y que es absolutamente desconocido en nuestra España, es uno de los más cómicos y grotescos que pudiera inventar la imaginación más risueña; y no se sabe qué admirar más, si su estrambótica figura y fantásticos arreos, la osada petulancia de sus relaciones y pomposas ofertas, o la ciega confianza del vulgo que los cree, como suele decirse, a pies juntos, cuando le brindan con arrancarle las muelas sin dolor, cuando le ofrecen elixir para vencer los rigores de su querida u obligar a la fidelidad a sus maridos; cuando le escamotan las monedas en rápidos juegos de manos, cuando improvisan escenas altisonantes y trágicas, o recitan poemas burlescos y cuentos de fantasía; todo a la luz de numerosas teas, subidos en carros o tablados enormes, interrumpidas sus voces por el redoble del tambor o el ruido de los petardos. La musa cómica moderna ha presentado este tipo en una pieza titulada Los Saltimbanquis, en la cual, bajo la figura popular del héroe Bilboquet, se ha hecho célebre el distinguido actor Odri, el rey de la farsa; y los graciosos dichos, máximas y epigramas, que esmaltan el diálogo en aquella comedia, han llegado a ser otros tantos refranes característicos y aplicables a todos los farsantes políticos y literarios, que tanto abundan en las sociedades modernas, y singularmente en la francesa.

Llegado el mes de octubre, y muy avanzado ya el otoño, van regresando a París las elegantes familias que ocupaban los castillos y casas de campo, los intrépidos touristas que habían salido a recorrer las orillas del Rhin, o las montañas del Pirineo, y toda la cohorte de deidades teatrales que fueron a lucir sus voces, gestos y gambadas en las orillas nebulosas del Támesis o en las heladas márgenes del Newa. Todos los teatros de París vuelven a recobrar su actividad, y los ingenios se apresuran a ofrecer a sus apasionados los frutos de sus meditaciones, nacidos en un bosque de la Bretaña, o en una cabaña de la Suiza. Vuelve a surcar las calles la inmensa multitud de elegantes carruajes, y la actividad del comercio y de la industria llega por aquel tiempo a su apogeo. Las carreras de caballos en el Campo de Marte, los elegantes paseos de los leones al bosque de Boloña, y el estreno de las piezas nuevas, y de los nuevos actores, son los más favoritos espectáculos del otoño, que por otro lado suele presentar días hermosísimos y templados, hasta que ya bien entrado noviembre empieza la estación de las lluvias, de los fríos, de las nieblas, que aconsejo a mis paisanos no aguardar en París.

En el invierno pasado concluyó dignamente el año con el magnífico espectáculo que ofreció la llegada y marcha triunfal de las cenizas de Napoleón a los Inválidos, cuyo pomposo y poético aparato (que dejó atrás a los que nos cuentan las historias de los triunfos en la antigua Roma) me sería muy grato recordar y trasladar aquí si no hubiera sido ya tantas veces hecha esta descripción, y si no temiera quedar en ella muy distante de la verdad. Contentareme pues con el mudo recuerdo, y la satisfacción que me produce el haber asistido el 15 de diciembre de 1840 al más grandioso espectáculo de este género que acaso haya ofrecido u ofrezca en adelante el siglo actual. Y termino aquí esta reseña de la capital francesa, en la que acaso habré abusado de la paciencia del lector.

XII. Bruselas

Cuando, abandonando el ruidoso teatro parisiense, y después de atravesar en el breve término de treinta horas el espacio de 60 leguas españolas (76 francesas), que separa la capital de Francia de la del nuevo reino de Bélgica, se encuentra el extranjero en ésta, sin que hasta llegar a ella se haya apenas apercibido de notable mudanza ni en el clima, ni en las costumbres, ni en el aspecto físico del país que ha recorrido; cuando se encuentra en una ciudad, cuya forma material se acerca todo lo posible a reproducir proporcionalmente la distribución, orden y aspecto de París; cuando vea en ella un río Senna, cuyo nombre en la pronunciación se equivoca con el que atraviesa la capital francesa; cuando se halle con sus boulevares y barreras, sus edificios públicos, remedos de los greco-franceses, sus recuerdos patrióticos de 1830, sus mártires de setiembre, como en París los mártires de julio, sus dos cuerpos colegisladores, y su rey ciudadano; cuando escuche en boca de todo el mundo la lengua francesa, como idioma nacional; cuando halle adoptadas su literatura, sus modas y sus costumbres; apenas puede llegar a figurarse que ha variado de país, y como que contempla con cierta sonrisa desdeñosa aquel plagio social, aquella contrefaçon política que se llama la capital del pueblo belga. Sin embargo, si el extranjero se detiene en ella algún tiempo, no deja todavía de descubrir al través de tantos remedos, un carácter propio, graves accidentes indígenas, que acabarán por hacerle creer en la nacionalidad de aquel pueblo, y hallar la línea divisoria que le separa del francés.

Hasta su emancipación en 1830, puede decirse que los belgas nunca habían formado una nación independiente, pues por su situación, su escaso territorio, y su pacífico carácter, fueron siempre embebidos en la historia y vicisitudes de otras naciones poderosas, como la Alemania, la España, la Francia y la Holanda, las cuales, dominando alternativamente aquel territorio, ya por los derechos de las dinastías, ya por la fuerza de las armas, dividiendo y subdividiendo de mil maneras los ducados de Brabante, de Limburgo y de Luxemburgo; los condados de Flandes, de Hainaut y de Namur; el principado de Lieja; el marquesado de Amberes, y la Señoría de Malinas, de que se compone el actual reino de Bélgica, establecieron en aquellos países costumbres, legislaciones y hasta idiomas diferentes. El matrimonio de María, hija del último duque de Borgoña Carlos el Temerario, con el archiduque Maximiliano de Austria, hizo pasar a esta casa el dominio de las provincias belgas, y la abdicación que Carlos V hizo de sus estados en la persona de su hijo Felipe II, las incorporó a la corona de España. Perdidas luego para ésta y después de desastrosas guerras, vuelven a incorporarse a la casa de Austria, y reunidas posteriormente a la república francesa, y por último a la corona de Holanda, no han recobrado su independencia hasta que, por la revolución de setiembre de 1830, y después de la larga conferencia de Londres, quedó en fin reconocida, sancionados los límites del nuevo reino, y aclamado por su monarca el príncipe LEOPOLDO de Sajonia Cobourgo, el 4 de junio de 1851, desde cuya época las gobierna bajo el juramento que prestó a la constitución belga promulgada el 7 de febrero del mismo año.

La Bélgica actual se compone, pues, de las nueve provincias de Amberes, Brabante, Flandes occidental, Flandes oriental, Hainaut, Lieja, Limburgo, Luxemburgo, y Namur, y tiene por límites al Norte la Holanda, al Este la Prusia, al Sur la Francia, y al Oeste el mar del Norte, en una extensión varia de cincuenta leguas en su mayor largo de N. O. o S. O., por treinta y cinco de ancho de N. a S., poblada por unos cuatro millones de habitantes.

Colocado, pues, este reino en una posición tan ventajosa; enclavado, por decirlo así, entre los cuatro países que marchan a la cabeza de la civilización, la Francia, la Inglaterra, la Prusia y la Holanda; pudiendo por su limitada extensión y por el admirable sistema de sus caminos de hierro comunicarse en breves horas con todos aquéllos; regido por un gobierno justo, liberal y tolerante, que sabe aprovechar el bondadoso carácter de los naturales, en quienes predomina el amor al trabajo y una inclinación particular hacia la agricultura y la industria; sin enemigos exteriores; sin grandes movimientos internos; tranquila, en fin, y respetada su independencia por los demás pueblos, no es extraño que en tan breves años como cuenta de existencia política haya podido la Bélgica alcanzar ese grado de prosperidad envidiable en que hoy la vemos, y que atrae a su afortunado recinto infinita multitud de viajeros de todos los países, deseosos de conocer y admirar la encantadora riqueza de sus campiñas, y su esmerado cultivo, la actividad de su industria y la riqueza de su comercio, la pintoresca belleza de sus ciudades, la respetable antigüedad de sus monumentos, la justa reputación de su escuela de pintura, el apacible carácter de sus naturales, la comodidad y tranquilidad de su existencia, y los medios admirables de rápida comunicación que hacen hoy de este pequeño país el centro convergente de todos los más civilizados de Europa.

La capital de tan afortunado reino, revela naturalmente su importancia, y por la inmensa afluencia de forasteros que en ella vienen a reunirse diariamente, por la magnificencia de sus establecimientos públicos, por la riqueza y elegancia de sus moradores, ocupa un lugar muy superior al que naturalmente parece reclamar una población de cien mil almas, una nueva capital de un reino nuevo y pequeño.

Desplégase Bruselas en forma de anfiteatro sobre el pendiente de una colina, extendiéndose luego por una rica llanura regada por el río Senna; y puede dividirse en dos partes muy diversas entre sí, por su fecha y por el aspecto material de sus construcciones. La ciudad baja o antigua, cuya fundación data por lo menos del siglo VI, tiene todos los defectos de las antiguas poblaciones, con sus calles estrechas, tortuosas y sombrías, sus casas deformes, caprichosas y estrambóticas, y hasta su tradicional descuido en la limpieza y falta de comodidad para los transeúntes. Desgraciadamente la población mercantil y más vital de la ciudad se encierra en estos barrios, y es por manera incómodo al forastero el tránsito por aquellos callejones y encrucijadas, por lo que en los primeros días de su permanencia en ella no dejará de dar al diablo su piso desigual y mal empedrado, las estrechísimas aceras, interrumpidas brusca y frecuentemente por trampas abiertas para dar bajada a los sótanos de las tiendas; los puestos de legumbres, de volatería, pescados, etc. improvisados a las mejores horas del día en calles y placetas; el aspecto ignoble y heterogéneo de las fachadas de las casas; los canales de desagüe, los mezquinos rótulos de las calles, y hasta los títulos indecorosos de ellas, escritos en flamenco y en francés, tales v. g. Mercado de tripas, calles del Albañal (l'Egout), de los Ropavejeros (fripiers), de los Ratones, de los Mosquitos, de la Putería, y otros por este estilo.

Formando un singular contraste con aquella parte antigua, se despliega en lo alto de la Montaña de la Corte la ciudad moderna, que puede sin disputa compararse a los más hermosos barrios de París y de Londres, por sus magníficas y extensas calles, tiradas a cordel, sus soberbios edificios públicos y particulares, la elegancia y suntuosidad de sus moradores. Desde que saliendo de la animada, tortuosa y costanera calle de la Magdalena, que limita la ciudad baja y mercantil, descubre el forastero la Plaza Real, el cuadro varía repentinamente, y se cree trasportado a otra ciudad diversa, admirando la simetría y magnificencia de la iglesia, palacios y hermosos hotels que decoran esta plaza. Da luego vista al Parque (hermoso jardín público, muy parecido al del Luxemburgo de París), y ve desplegarse en su derredor las hermosas calles Real, de la Regencia y de Bellavista, los palacios del Rey, del Príncipe de Orange y de la Nación, donde tienen sus sesiones los cuerpos colegisladores; mira cruzar por todos lados un crecido número de brillantes carruajes (obra de las célebres fábricas de esta ciudad), y ve paseando entre los bosques del jardín o por las anchas losas de las calles una población tan elegante y fashionable, que no diría mal en el Bosque de Boloña o en las praderas de Hyde Park. Sin embargo, el viajero observador acaso no hallará tanto placer en tan bello espectáculo como el que le ofrecerán las calles animadas y populares de la ciudad baja, pues en estas todo es característico y propio, mientras en aquellas todo es remedo de otros pueblos, todo arreglado al nivel civilizador de la moderna sociedad.

Por no molestar demasiadamente la atención de mis lectores, limitaré la material inspección de esta ciudad a una ligera indicación de sus principales objetos de curiosidad antiguos y modernos, alguno de los cuales merecería sin embargo una descripción detallada, por su importancia histórica o monumental.

Entre los edificios religiosos, por ejemplo, merece sin disputa el primer lugar la iglesia catedral dedicada a San Miguel y Santa Gudula, monumento gótico de los siglos XIII y XIV, que por su esbeltez y hermosas proporciones ha merecido en todos tiempos los elogios de los artistas. Son, sobre todo, dignos objetos de atención en él sus dos altísimas y elegantes torres cuadradas, su magnífica cristalería, las hermosas estatuas colosales que están delante de los pilares de la nave, y representan a Jesucristo y su Santísima madre y el Apostolado; el caprichoso púlpito de mármoles y figuras de talla, que representan a Adán y Eva arrojados del Paraíso, y las tumbas de obispos y otros personajes que adornan sus capillas, siendo entre ellas muy notable la moderna del conde Federico Merode, muerto en la revolución de 1830, bella escultura de mármol del distinguido artista belga Mr. Geefs, cuyo taller he visitado, y admirado en él la rara habilidad de su cincel. Las iglesias antiguas de la Capilla y del Sablon son, después de la catedral, las más dignas de encomio, y entre las modernas merece el más cumplido la bella rotonda de Santiago, conocida por el sobrenombre de Caudemberg, y situada en la plaza Real, por su elegante forma greco-romana, y la sencillez armónica de su distribución. En todas estas iglesias, y las demás, se ven magníficas esculturas, bellos cuadros de las escuelas flamenca y holandesa; y (lo que es aún más de alabar) se observa el esmero, en el culto religioso, y la concurrencia del pueblo a los divinos oficios: en este punto la mayoría del pueblo belga, que profesa la religión católica, lleva mucha ventaja al pueblo francés.

La casa de Ayuntamiento (Hotel de ville) es entre los edificios civiles el que llama más la atención del extranjero, y uno de los primeros objetos que por su extendida y justa fama se apresura aquél a visitar. Está situada en uno de los frentes de la plaza mayor, y su construcción (que remonta cuando menos al siglo XV) pertenece al género llamado gótico-lombardo, con toda aquella elegancia de decoración y caprichosos adornos que le son propios, especialmente en su elevadísima torre que le comparte en dos mitades (no exactas), obra maestra de atrevimiento, elegancia y esbelteza; tiene 564 pies de altura, y está coronada por una estatua de cobre dorado que representa a San Miguel. El interior de este suntuoso edificio corresponde bien a su magnificencia exterior; sobre todo la gran sala llamada la gótica o de la abdicación, por haber sido en ella donde tuvo lugar la que el emperador Carlos V en el apogeo de su poder hizo de todas sus monarquías en favor de su hijo Felipe II, marchando desde allí a encerrarse en los austeros claustros del monasterio de San Gerónimo de Yuste; suceso memorable de la historia europea que adquiere toda su importancia a la vista del magnífico local que le presenció.

Las otras salas merecen también ser vistas, para admirar en ellas las ricas tapicerías flamencas, y los retratos en pie de los duques de Borgoña, reyes de España, y emperadores de Austria que las adornan. La plaza misma en que está esta casa es un objeto de estudio, por la construcción de sus edificios, obra del tiempo de la dominación española, y que conservan su especial fisonomía; entre ellos descuella también el que hace frente al hotel de ville, y que sirvió de casa comunal hasta 1446: desde sus balcones fue desde donde el famoso Duque de Alba, terror de aquellos países, presenció el suplicio de los condes de Egmont y de Horn, jefes de la insurrección flamenca, hallándose toda la plaza tendida de luto, y entregada la ciudad a la mayor consternación. Por lo demás, apenas se encuentran ya en Bruselas más vestigios de la dominación española que esta plaza y casa de ciudad; la prisión llamada todavía en español de El amigo, que está en la misma casa; el Hospicio de Pacheco; y la calle de Villahermosa. No es extraño que el tiempo, las diversas dominaciones del Austria, la Francia y la Holanda, que han sucedido a la española, y más que todo la odiosa memoria que de ésta ha quedado en aquellos países, a causa de la intolerancia y crueldad de los gobiernos de los Felipes, hayan borrado casi del todo el colorido español de aquel pueblo, del cual por otro lado nos separa naturalmente la distancia, el clima, leyes y costumbres.

No lejos de la plaza grande y en la esquina que forman las calles de la Estufa y del Roble se encuentra un objeto de la más rara curiosidad, y es el Manneken-Piss, célebre monumento que tanta importancia tiene en aquella ciudad, amiga de sus antiguallas y recuerdos históricos. Consiste en una figurita de bronce de poco más de una viva de altura, que representa un niño desnudo y en el acto de orinar. El origen de este monumento se oscurece entro los cuentos de la antigüedad, que dicen que un cierto Godofredo, de edad de siete años, e hijo de un duque de Brabante, se perdió en una procesión de jubileo, y fue después hallado en aquella postura y en aquel sitio, por lo que sus padres hicieron construir aquella fuente; y desde entonces ha sido un objeto de verdadero culto para los bruselenses, en términos que aun hoy día es reputado por el más antiguo ciudadano de Bruselas, y una especie de Paladium al cual miran unida la suerte de la ciudad; y llega a tanto esta preocupación, que le tienen destinadas rentas y un ayuda de cámara para su conservación; y que los monarcas extranjeros y el gobierno nacional le han condecorado con sus grandes cruces y héchole regalos de magníficos uniformes, con los cuales, o con la blusa nacional le visten el día de la fiesta del Kermesse, que se verifica en el segundo domingo de julio con general entusiasmo de la población. Esta afortunada estatuita ha sido robada varias veces y encontrada después, y cuando se verificó su última desaparición en 1817, toda la ciudad vistió luto, hasta que, habiéndola encontrado en manos de su raptor, fue vuelta a colocar en medio de una función magnífica y popular.

El palacio del rey y el del príncipe de Orange son sencillos edificios modernos que no merecen particular atención; exceptuándose en este último la riqueza de sus suelos, embutidos de maderas preciosas, y con un delicado trabajo superior a todo encomio; es igualmente rica la decoración de sus muebles, entre los cuales hay que admirar las soberbias mesas de lápiz lázuli regaladas por el emperador de Rusia a su yerno, y valuadas algunas de ellas en la enorme suma de seis millones de rs. Cuando aquel príncipe habitaba esta casa como gobernador que era de la Bélgica a nombre de su padre el rey de Holanda, había reunido también en ella una exquisita colección de cuadros de las mejores escuelas, la que después de su advenimiento al trono de Holanda ha hecho trasladará la Haya, y hoy solo queda el palacio de Bruselas, la magnífica decoración de sus salones al cargo de su amable conserje mayordomo el español D. N. Cabanillas, que habiendo servido a las órdenes de aquel príncipe en la guerra de la Independencia, le siguió después, mereciendo su confianza, y hoy está encargado de hacer los honores a la multitud de extranjeros que visitan diariamente aquel elegante palacio.

El otro llamado de la Nación es un edificio moderno de fines del siglo anterior, y en él tienen sus sesiones los dos cuerpos colegisladores, y se hallan también situados los ministerios con bastante comodidad y buena distribución. El palacio llamado de Bellas artes, cuya parte antigua sirvió de residencia a los gobernadores generales de los Países-Bajos, y entre ellos al duque de Alba, considerablemente aumentado después, ha venido a convertirse en Museo de cuadros, Biblioteca pública, gabinete de Historia natural y otro de física, objetos todos muy dignos de atención, sobre todo la Biblioteca, compuesta de 1500 volúmenes y 160 manuscritos curiosísimos, y el gabinete de Historia natural, que por su riqueza y metódica colección puede alternar con los más apreciables de Europa.

El Teatro Real situado en la plaza de la Moneda es un vasto edificio comenzado en 1817 e inaugurado dos años después: su decoración exterior es parecida a la del Odeón de París, y el interior es amplio y ricamente decorado. En él se dan funciones todos los días de la semana excepto el sábado, alternando la grande y pequeña ópera con el drama trágico y el cómico y con el baile pantomímico. Las piezas, las decoraciones y los actores son por lo regular franceses, y el resultado una bella repetición de los grandes teatros de París. Otro pequeño teatro cuenta Bruselas en el Parque o Jardín público, y en él suele representarse el Vaudeville o piezas cómicas, con lo cual y un menguado Circo Olímpico hecho de tablas, y en el que es preciso tener el paraguas abierto cuando llueve, concluyen las diversiones públicas, bastantes a satisfacer el carácter pacífico y domestico de los bruselenses.

El Jardín botánico es uno de los objetos más bellos de aquella ciudad, y pertenece a la sociedad de horticultura, que tiene en él una elegante y riquísima estufa donde se cultiva tan prodigiosa multitud y variedad de flores de todos los climas, que prueban muy bien el decidido gusto de los belgas hacia la agricultura y jardinería, y la conciencia con que estudian aquel ramo interesante de ciencias naturales.

Muchos y buenos son los establecimientos de beneficencia e instrucción que encierra aquella ciudad, de los cuales no puedo permitirme la menor indicación por la brevedad de este artículo, y por estar ya dignamente desempeñado este punto en la excelente obra publicada hace pocos años por nuestro compatriota y mi amigo el señor Don Ramón de la Sagra, obra no solamente apreciada en nuestro país, sino en el mismo que describe con interesante exactitud.

Todos los objetos que encierra aquella pequeña capital son, sin embargo, de escasa importancia respectivamente a los que de igual clase ostentan las primeras de Europa; y el extranjero, viniendo regularmente de los grandes teatros de Londres y París, halla mezquina aquella escena, y suele abandonarla muy pronto cansado de su insípida monotonía. El carácter amable, hospitalario y obsequioso de los belgas, su sociedad franca y generosa, la extremada y confortable comodidad de la existencia en un país abundante en productos naturales y manufacturados, propios y extraños, y los goces positivos que ofrece al espíritu una adelantada civilización, son sin embargo objetos que merecerían más larga permanencia, y acabarían por obtener en el ánimo del viajero la preferencia sobre el ruidoso espectáculo de aquellas grandes ciudades.

Lo que más admira en ésta es el movimiento importantísimo de su industria, el gusto y perfección de sus manufacturas, que participan de la solidez inglesa, del gusto francés y de la baratura alemana, sobresaliendo en varios ramos en competencia con las de aquellos países, como, por ejemplo, en todas las obras de hierro, en la fabricación de los carruajes, la del papel, la de las telas de hilo, la de los encajes, y de otros mil objetos que hacen muy mal nuestros comerciantes en ir a buscar a Francia e Inglaterra, pudiendo hallarlos mejores y más baratos en los mercados de Bruselas, de Gante, Courtray, Malinas, Namur, etc. El comercio de libros, sobre todo, ganaría muchísimo tomando esta dirección, pues es sabido el enorme producto de las imprentas belgas destinadas a reproducir en formas más cómodas e infinitamente más baratas todas las obras francesas; especulación mercantil sobre cuya moralidad no disputaremos, pero que pudiera servirnos con mucha ventaja. En dicha capital he comprado a razón de cinco reales los tomos de Víctor Hugo y demás autores de nota, que cuestan en París treinta, y por ocho reales los ocho tomos de las Memorias del Diablo, que cuestan en París cincuenta.

En un pueblo trabajador, pacífico, moderado por carácter, y escaso de diversiones públicas, la vida ofrece poca variedad, y únicamente entrando en los goces delicados de la sociedad íntima y privada puede hacerse soportable aquella uniformidad, y hasta desaparecer el tedio que produce una atmósfera húmeda y sombría en la mayor parte del año. El belga industrioso y pacífico sabe templar estos inconvenientes con los goces puros de la familia, con la ocupación del espíritu y el trabajo de sus manos. Sabe oponer a los rigores del clima las grandes comodidades de su mansión, en que despliega toda la brillantez de su industria; y, gracias a ella y a la actividad de su comercio, puede, por la mitad del gasto, vivir con toda la comodidad y magnificencia que con grandes sacrificios pudiera proporcionarse en Londres mismo. Hasta el forastero participa inmediatamente de estas ventajas, pues halla en Bruselas muchos y magníficos hoteles muy superiores a todos los de París, y en los cuales por el reducido gasto de cinco a seis francos diarios puede proporcionarse una bella habitación, una opípara mesa, y un esmerado y elegante servicio. Los adelantos de las artes manufactureras, la actividad y buen gusto de un pueblo industrial y mercantil, se revelan a cada paso en la suntuosidad y abundancia de las tiendas, y en la rica decoración de las casas; mientras que la soledad y abandono de los paseos, plazas y cafés, descubre también la ocupación constante y la natural inclinación del pueblo a permanecer en lo interior de sus familias.

El sistema de educación y de sociedad parece también muy superior, bajo el aspecto moral y religioso, al que se estila en Francia; y en el semblante de hombres y mujeres, en aquellos semblantes generalmente hermosos y rubicundos, aunque poco animados, se ostenta una tranquilidad interior, una amabilidad y dulzura que previenen desde luego en su favor. No se ven por las calles de Bruselas esos grupos de gentes desocupadas e indolentes que llenan nuestras plazas; ni el agitado bullicio o interesada precipitación de las que circulan por las de Londres y París: tampoco se encuentran por las noches como en aquéllas, bandadas de prostitutas, o falanges de rateros, más o menos disfrazados; ni rebosan en jóvenes elegantes sus paseos, ostentando un lujo superior a sus facultades, o una maligna y astuta coquetería. Las mujeres apenas se presentan por las calles más que en carruaje o para ir a misa o a vísperas; tampoco se asoman a las ventanas, y solo se permiten un inocente ardid colocando ingeniosamente a los lados de aquellas y por la parte de afuera un juego de espejos, que reflejando los objetos que pasan por la calle, las permite ver desde adentro a todos los paseantes, sin ser ellas vistas, a menos que, colocadas imprudentemente en la dirección de alguno de los espejos, reflejen en él una linda cara que el pasajero admira, sin llegar a poder descubrir cual sea la propietaria. Este ingenioso mecanismo de los espejos llamados Ladrones, es general en toda la Bélgica y nuevo absolutamente para mí.

Durante la buena estación el habitante de Bruselas tiene también para su recreo la hermosa y bien cultivada campiña de sus cercanías, lindas casas de campo y bellos lugares y caseríos. Entre los objetos de curiosidad de aquellos contornos, son los más notables el palacio y sitio Real de Lacken en una deliciosa situación, y rodeado de muchas y bellas quintas de recreo. En este sitio está también situado el Cementerio-Jardín, que viene a ser para Bruselas lo que el del Padre Lachaisse para París, y en él se ven muy bellos monumentos, y entre ellos el levantado por su segundo esposo Mr. Beriot a la célebre cantatriz María García (Madama Malibran) que allí reposa.

Finalmente, a unas tres leguas de Bruselas no deja el viajero de ir a contemplar los campos de Waterloó, tan célebres por la gran cuestión europea decidida en ellos en 1815. Wareloó es una villa de alguna importancia, en cuya iglesia (que es una bella rotonda) se encierran muchos mausoleos elevados a la memoria de los oficiales aliados muertos en la batalla; y en los campos inmediatos de Mont Saint Jean se eleva el monumento, principal destinado a conservar la memoria de aquella sangrienta jornada que decidió la suerte de Napoleón y de la Europa. Consiste en una montaña de tierra formada artificialmente de ciento cincuenta pies de elevación y cuatrocientos de base, y coronada por un león colosal de bronce sobre un enorme pedestal de piedra. El soberbio animal tiene una de sus garras sobre una esfera, y vuelta hacia la Francia su erguida cabeza parece aún amenazarla con su enojo. Ciertamente que después de las nuevas circunstancias políticas de ambos países parece inconcebible la permanencia de aquel monumento.

En otro artículo trataré de los caminos de hierro que partiendo de Bruselas cruzan la Bélgica, y la ponen en comunicación rapidísima con los demás países de Europa.

XIII. Los caminos de hierro

«De todos los trasportes (dice Mr. Chevalier en una obra justamente célebre) el de los hombres es el más interesante, y el que más importa facilitar; porque si el trasporte de las mercancías crea la riqueza, el de los hombres produce nada menos que la civilización.»

En ningún país puede observarse la verdad de aquella máxima del escritor francés más prácticamente que en el pequeño y próspero reino de Bélgica, que ha ofrecido el primero y único espectáculo de un sistema general de comunicación por medio de caminos de hierro, y que si cede a la Inglaterra y los Estados Unidos la gloria de la primacía en su aplicación, tiene un derecho incontestable de superioridad en la materia, por haber combinado y planteado en pocos años un plan general de esta clase de comunicación del uno al otro extremo del país; y esto en los días siguientes a una revolución política, y apenas reconocida su independencia, y señalándole un lugar entre los Estados de Europa.

El gobierno belga, ayudado por el patriotismo y la actividad de los habitantes del país, ha hallado medio de realizar tan rápidamente esta mágica operación, que parecería increíble a no palparla; en tanto que los demás estados del continente europeo, gozando de una gran prosperidad y, de una tranquilidad perfecta, y pudiendo disponer de recursos inmensos, se han contentado con ensayar en mínima escala la importantísima y civilizadora invención de los caminos de hierro, estableciendo algunas líneas pequeñísimas y secundarias, por objeto de puro placer o fantasía, tales como las de París a San Clond, San Germán y Versalles; de Nápoles a la Castellamare; de Petersbourgo a Zarkocselo; de Amsterdan a Harlem; de Dresde a Leypsik; de Nuremberg a Furth, etc. Los caminos de hierro belgas cruzan hoy aquel territorio en sesenta y tantas leguas de extensión, ponen en contacto inmediato las diez importantísimas ciudades de Bruselas, Malinas, Amberes, Gante, Brujas, Ostende, Thermonde, Courtray, Lovayna y Lieja; y llegando por el Norte a las puertas de Holanda, por el Oeste a las costas fronteras de la Inglaterra, tocando por el Oriente en la monarquía prusiana, y dirigiéndose por dos ramales al Sur hacia el territorio francés, convierten a aquel reducido reino en un punto céntrico de comunicación entre los cuatro países más adelantados de Europa, y con grandes ventajas del comercio aproximan también al Danubio y al Rhin (aquellas dos grandes arterias del país germánico) con el mar del Norte, que preside y domina el genio de Albión.

Todo este verdadero prodigio ha sido para aquel país obra de seis años; y el gobierno belga ha demostrado en esta obra lo que pueden el verdadero patriotismo, el talento y la constancia. El 15 de junio de 1833 Mr. C. Rogier, ministro de lo interior, presentó a la cámara de representantes (diputados) un proyecto de ley para la construcción de las primeras líneas de caminos de hierro, y abierta la discusión el 11 de marzo siguiente, fue adoptado por aquella cámara y el senado, en cuya consecuencia quedó promulgada dicha ley el día 1.º de mayo de 1834.

Empezáronse desde luego los trabajos en la línea de Bruselas a Amberes por cuenta del gobierno, y con algunas modificaciones ha seguido incesantemente en el establecimiento de las demás líneas; en términos que al cumplirse los seis años de dichos trabajos, y a mediados del pasado de 1840 (en que tuve el placer de recorrer dichos caminos) se hallaban ya del todo concluidas y entregadas a la circulación sesenta y dos leguas, o sean trescientos veinte y tres mil metros, y se había invertido en ellas la cantidad de cincuenta y seis millones cincuenta y nueve mil seiscientos setenta y siete francos (unos doscientos veinte y cuatro millones de reales) distribuidos en compra de terrenos, trabajos de alineación, perforación y desmonte, gastos de hierro y madera, coste de las maquinas locomotoras, coches, waggones, plataformas, desembarcaderos, oficinas y servicio; cantidad extremamente económica comparada con la que han costado los caminos de hierro en Inglaterra y otras naciones.

El trasporte de viajeros fue desde luego tan crecido que excedió también a las esperanzas que se tenían, pues en los ocho últimos meses de 1835 ascendió a cuatrocientas veinte y un mil cuatrocientas treinta y nueve personas. En 1836 a ochocientas setenta y un mil trescientas siete; en 1837 a un millón trescientas ochenta y cuatro mil quinientas setenta y siete; en 1838 a dos millones doscientas treinta y ocho mil trescientas tres; y en los diez primeros meses de 1839 (hasta donde comprendían los estados que tuve ocasión de ver) a un millón seiscientas noventa y cuatro mil diez y nueve; en términos que puede presumirse que en todo el año de 1840 se ha acercado sin duda al enorme número de tres millones de viajeros los que hemos disfrutado de aquel magnífico beneficio. Baste este simple resumen numérico para dar una idea de su importancia.

Los productos en los cuatro años y medio que comprende el cálculo anterior, habían sido nueve millones doscientos veinte y un mil setecientos sesenta y tres francos (unos treinta y siete millones de reales), y eso que los precios de trasporte son tan módicos, que según el diverso carruaje que se elija, waggon, char-à-banes o berlina puede calcularse desde diez céntimos (unos siete maravedís) hasta treinta y cinco céntimos (unos veinte y cinco maravedís) por legua. El transporte en los caminos de hierro franceses cuesta alguna cosa más, y en los de Inglaterra cuatro tantos, de suerte que los de Bélgica tienen también esta gran ventaja, y pueden llamarse los más verdaderamente populares que existen en Europa; así que habiendo empezado su servicio con solo tres máquinas locomotoras, cuarenta coches, tres tenders y cuatro waggones, contaban ya el año pasado ochenta y dos máquinas, setenta y un tenders, trescientos noventa y dos coches, cuatrocientos sesenta y tres waggones.

Por una combinación acaso equivocada, el sistema general de los caminos de hierro belgas tiene su centro en la ciudad de Malinas, a unas cinco leguas de Bruselas, en lugar de ser esta capital, como parecía natural, el punto de conversión de todas las diversas líneas o secciones del camino; así que para trasladarse, por ejemplo, a Gante, Brujas, Ostend, o Lieja, hay que dirigirse primero a la estación de Malinas, desde donde parten los convoyes para aquellos puntos; lo cual ocasiona un rodeo de cinco leguas, que por otro lado se hace poco sensible, pues que solo se invierte en él el reducido término de veinte y cinco a treinta minutos.

El establecimiento o estación central de Malinas es por lo tanto el punto más interesante y animado donde pueden observarse el asombroso movimiento, el orden admirable y la rápida circulación de tantos convoyes que de todas direcciones vienen allí a estacionar y parten continuamente. Por lo regular cada máquina locomotora arrastra tras sí una hilera de treinta o cuarenta coches y waggones, en cada uno de los cuales pueden calentarse unas treinta personas, que se colocan en el interior y sobre cubierta de las diligencias, y al aire libre, en el buen tiempo; lo cual da un resultado de novecientas a mil personas en cada convoy. El período de salidas de éstos varía también según las líneas y estaciones, pues, por ejemplo, para Amberes sale cada media hora y a veces cada cuarto, para Gante todas las horas, para Lieja cada dos horas, etc.; todo lo cual, repito, está muy sujeto a mudanzas, que cuidan de avisarse al público con anticipación. La rapidez de la marcha está calculada de ocho a diez leguas por hora y a veces más, pues recuerdo haber hecho en una hora y dos minutos la travesía desde Brujas a Gante, que son doce leguas. Y sin embargo de esta precipitación, la comodidad es tan extrema, que apenas se percibe el movimiento, y solo yendo al descubierto molesta algún tanto el viento cuando da de cara, y la rapidez con que desaparecen de la vista los objetos cercanos, por lo que es conveniente fijarla en la lontananza, o, por mejor decir, no fijarla en ninguna parte. Los coches o diligencias se dividen por lo regular en tres o más compartimentos, o más bien gabinetes, que comunican entre sí con puertecillas, y están perfectamente distribuidos en cómodos asientos de brazos, y forrado todo el interior de blandos almohadones de baqueta para evitar en lo posible los efectos de cualquier fuerte sacudimiento, choque o explosión de la máquina. Éstos por fortuna son tan raros y están tan previstos, que se ha calculado en un número infinitamente menor el de las desgracias ocurridas en estos carruajes al de las que han ofrecido en igual tiempo los carruajes ordinarios; por manera que se han disipado ya todas las preocupaciones contra este medio de trasporte, como lo prueba el asombroso número de viajeros que le adoptan. Sin embargo, para evitar estas desgracias ¡cuánto hay que admirar en el orden y metódico artificio con que está combinada la marcha de aquellos enormes convoyes! ¡cuánto trabajo, gasto y constancia no supone en el crecido número de operarios destinados a mantener cuidadosamente desembarazado el camino, a situarse a pequeñas distancias con banderines o luminarias para avisarse mutuamente de la proximidad del convoy, a fin de que ninguno por equivocación tome el doble carril de ida por el de vuelta, o penetre en un tunnel (camino subterráneo, perforado en una montaña) al mismo tiempo que el otro; para que redoble éste a rapidez de su marcha por medio del mecanismo que dirige la máquina, o para que contenga aquel el impulso de la suya! ¡Qué precisión de movimientos en las estaciones o puntos de descanso, para dirigir metódicamente y con una asombrosa celeridad el relevo continuo de los viajeros y de sus equipajes, la inspección prudente de las máquinas! ¡Qué método, orden y sabia administración en el desempeño de tantas oficinas, en las innumerables anotaciones de tantos viajeros, en el peso, colocación y trasiego de sus equipajes, en la carga de el sin número de mercancías, efectos y animales que ocupan los carros últimos del convoy!

Realmente es sorprendente para la imaginación tan asombroso espectáculo, y los señores poetas que afirman que el siglo actual carece de poesía, pudieran situarse conmigo por unos minutos en el establecimiento central de Malinas, donde acaso tendría el placer de hacerles variar de opinión. Verían allí a todas horas del día y de la noche, en las hermosas mañanas de otoño, cuando las campiñas belgas ofrecen toda la hermosura y riqueza de su vegetación, o en las frías y destempladas noches de noviembre, cuando el cielo cubierto de miles envía torrentes de agua sobre una tierra que desaparece convirtiéndose en un lago continuo; a la brillante luz de los rayos del Sol más bello, o al pálido y lúgubre reflejo de mil teas, y de innumerables faroles; verían, repito, el más variado cuadro que la civilización moderna puede ostentar, mirando llegar por todas partes, partir en todas direcciones continuamente máquinas gigantescas, despidiendo el resplandor vivísimo del fuego que las alimenta, dejando en pos de sí una faja negra y espesa de humo que marea su camino, despidiendo un mugido bronco y monótono, y avanzando u alejándose con mágica celeridad. Verían en pos de ellas una fila interminable de carruajes que, no bien hecho alto, vomitan de su seno una población entera, miles de gentes de todas edades, sexos y condiciones; verían allí cruzarse el belfo alemán, y el inglés altivo, el francés animado, y el tranquilo holandés, mezclados allí y confundidos sus lenguajes con el flamenco que suelen hablar los conductores; el elegante de Bruselas que va a los baños de Spa, con el mercader de Amsterdan que se dirige a Francia para surtir su almacén; el industrial de Manchester que va a buscar nuevas salidas a sus manufacturas en Alemania, con el literato de París que viene a hallar uno o dos tomos de impresiones de viaje en las orillas del Rhin; el sacerdote flamenco con su elegante sotana y su sombreo tricornio que va a Lieja a asistir a una conferencia eclesiástica, con la brillante dama de Bruselas ricamente ataviada que pasa a Amberes para asistir al estreno de la ópera nueva.

Sorprendido el viajero con la grata variedad de tan animado espectáculo, saboreando en su imaginación la facultad voladora que la industria moderna pone a sus pies, fluctúa, titubea sobre el rumbo que debe tomar, y sigue con sus miradas codiciosas los diversos convoyes que ve partir; y a la verdad ¿qué punto del globo, qué ocasión pudiera brindarle tan animados contrastes? Si se decide a montar en el que parte hacia el Norte, antes de una hora se hallará en la romántica Amberes, la de los grandes recuerdos históricos españoles y tudescos, y antes de acabarse el día habrá podido dar fondo en las cortes de La Haya y de Amsterdan. Si toma hacia el Oeste, tres grandes y bellas ciudades, Gante, Brujas y Ostende le salen al paso, y antes de seis horas puede saludar las costas de la Gran Bretaña. Si gira al Este, Lovayna, Tirlemond, Lieja, le conducen a Aix la Chapelle en Prusia. Si se dirige al Sur, la capital Bruselas, y otras ciudades importantes le ponen en el camino de París. En el mismo día puede si gusta dormir en Holanda; o almorzar en Prusia, comer en Bélgica, y cenar en Francia o Inglaterra; y todo sin la más mínima molestia, casi sin apercibirse de haber variado de sitio. Dígase después si es o no poética esta situación.

Allí los conocidos se encuentran en los caminos como pudieran en las calles de una ciudad; los coches de los convoyes ofrecen el mismo trasiego y movimiento de tripulación que los omnibus de París: cualquier motivo es suficiente para emprender un viaje de veinte o treinta leguas, como que no se cuentan éstas sino el espacio de dos o tres horas que en ellas se emplea; una visita, una función pública, una ópera nueva, una aventura amorosa, bastan para decidir a un habitante de cualquiera pueblo de Bélgica para montar en el carruaje, sin más preparativos de viaje, vestido elegantemente, y sin necesidad de pasaportes ni diligencias, a sorprender agradablemente a un amigo, o asistir a tal romería flamenca, a cual cacería del país Walon, y volverse luego descansadamente a dormir a su pueblo.

El rápido contraste que ofrecen en el espacio de pocos minutos los distintos accidentes del clima, suelo, usos y costumbres de las diversas provincias (que existen muy marcados a pesar de la frecuente comunicación, por el apego de aquellos naturales a sus respectivas tradiciones) sorprende tan agradablemente al espectador, que no hay palabras para expresar su indefinible satisfacción. Apenas acaba de dejar las animadas ferrerías de Lieja, las pintorescas montañas de Namur y las risueñas márgenes del Mosa, se encuentra en las ricas llanuras, en los deliciosos jardines de la Flandes oriental; no bien escuchaba el armonioso juego de campanas (Carillon) de la catedral de Amberes, siente rugir a cuarenta leguas las olas embravecidas del mar del Norte en las playas de Ostende. Allí, para los usos de la vida social, no existe propiamente distinción de pueblos, y toda la Bélgica en su extensión de sesenta leguas, no forma más que una sola e inmensa ciudad, en la cual es más fácil la comunicación que entre los diversos barrios de Londres o París; no hay en rigor necesidad de correos, porque se puede recibir cartas de todos puntos muchas veces al día, y en caso de sublevación o ataque improvisto de cualquier punto del reino, puede improvisarse en él un ejército de veinte o treinta mil hombres, conducido en muy pocas horas en alas del vapor. Véanse que consecuencias tan importantes se deducen de la completa aplicación de aquel admirable invento.

Y no se crea que los belgas para establecer su sistema de caminos no han hallado obstáculos inmensos que vencer en la naturaleza misma del terreno, pues aunque llano por lo general en las provincias de Brabante, Amberes, y las dos Flandes, en otras varía extraordinariamente de accidentes, y hasta llega a ser de montaña formal en las de Licia, Namur, y otras. Pero nada ha sido capaz de contener el decidido arrojo e infatigable laboriosidad de aquel pueblo. En unas ocasiones preciso ha sido al camino atravesar ríos tan imponentes como el Escalda, y para ello se han establecido puentes giratorios, que, recogiéndose después de dar paso a los convoyes, dejan expedita la navegación; en otras cruzar por bajo de otros caminos comunes, por medio de bóvedas (viaducts) que ofrecen el singular espectáculo de varios carruajes ordinarios marchando en sentido inverso sobre los que van arrastrados por el vapor: han tenido a veces que inutilizar calles enteras de pueblos con los carriles de hierro: que establecer en otras ocasiones sólidas calzadas sobre terrenos bajos y pantanosos: que perforar, en fin, montañas elevadas para abrirse paso por medio de un camino subterráneo y durante el espacio de media legua.

De todos estos atrevidos esfuerzos del arte, el que más afecta al ánimo del viajero es el gran tunnel (bóveda) de esta clase, abierto entre Lovayna y Thirlemond, que penetrando en el interior de una alta montaña, sigue por espacio de novecientos noventa metros (unas mil doscientas varas castellanas) hasta volver a ganar la llanura. El convoy se lanza por la estrecha y oscura galería con un ruido terrible, producido por el mugido de la máquina locomotora, y el frote de las ruedas en los carriles de hierro, y aumentado y repetido cien veces por el eco de la bóveda que parece desplomarse con la montaña que tiene encima: a los pocos instantes de penetrar en aquel misterioso recinto desaparece absolutamente la luz del día, y el viajero, atemorizado involuntariamente con aquella profunda oscuridad, con aquel ruido infernal en que sobresalen de vez en cuando los chispazos ardientes de la maquina, y los agudos silbidos de los conductores, se cree trasportado a las entrañas del Etna, a donde Vulcano y sus cíclopes forjaban los rayos del rey del Universo; pero todos estos temores se disipan, cuando acercándose rápidamente a la boca de salida, va súbitamente volviendo a aparecer a sus ojos la luz del día, hasta que fuera ya de la tremenda caverna se ofrecen a su vista las ricas praderas del Bravante Walon, el cielo despejado, y las lindas poblaciones de Thirlemond y de Cumptich.

Recapitulando las varias indicaciones que dejo sentadas diré, que no es el aspecto material de los caminos de hierro de Bélgica lo que en ellos me ha causado sorpresa; pues habiendo ya anteriormente tenido el placer de ver los de Londres a Birminghan y de Manchester a Liverpool, en Inglaterra, los de las inmediaciones de París, y de Lyon a San Etienne, en Francia, no me era desconocido aquel espectáculo; lo que sí confieso que me ha entusiasmado y sobrepujado a mis esperanzas, es el que ofrece un pueblo donde esta clase de comunicación se halla establecida por sistema general, y las variaciones fundamentales que produce en su vida social, política y mercantil. Digna es también de admiración la inconcebible actividad con que el gobierno belga ha sabido llevar a cabo tan alta empresa en el breve período de seis años, y en medio de la incertidumbre y agitación producida por su nueva situación política; el orden admirable con que allí se han sabido combinar para obra tan importante, los capitales, el tiempo y el trabajo; la extremada comodidad, en fin, y baratura con que han llegado a popularizar y hacer de uso común el invento característico del siglo en que vivimos, que los demás estados del continente europeo se han contentado con probar en pequeños e insignificantes ensayos, y que en la misma Inglaterra está aún por su alto precio vinculado a la aristocracia de los viajeros.

XIV. Las ciudades flamencas

Una de las circunstancias que hacen por manera interesante una excursión por el país belga, es la rara variedad que las diversas provincias e importantes ciudades de tan reducido reino presentan entre sí, tanto por lo que dice relación con su material fisonomía, cuanto por lo concerniente a las costumbres y carácter de sus habitantes; y bajo ambos aspectos puede afirmarse que, a no ser la Italia, ningún otro país de Europa ofrece tan rápidos contrastes y marcada discordancia. Y este variado panorama físico y moral produce tanto mayor efecto en el ánimo del viajero, cuanto que puede disfrutarle en el breve término de pocas horas, y caer, como por encanto, desde el uno al otro confín del reino; desde la animada sociedad walona, a la tranquilidad risueña de la vida flamenca; desde el agitado movimiento mercantil de Amberes, al industrioso taller de Courtray.

Por otro lado ¡a qué consideraciones filosóficas o poéticas no da lugar la vista material de aquellas antiguas ciudades, cuya agitada crónica ofrece en cada una de ellas un continuado drama, que, aunque desenvuelto en tan pequeño teatro, halló ecos, simpatías y relaciones con todas las grandes escenas de que la moderna Europa ha sido testigo! ¡Quién no ha de recordar, por ejemplo, en la antigua ciudad de Brujas el poder e influencia de los soberanos duques de Borgoña y condes de Flandes, las guerras civiles, las persecuciones religiosas, la antigua prosperidad de aquel emporio del comercio, de aquella Venecia del norte! ¡Cómo mirar indiferente en Gante la patria del más poderoso monarca del orbe, de aquel Carlos V en cuyos dominios no se ocultaba nunca el Sol, y que harto de victorias y conquistas, vino al fin de sus años a despojarse de él voluntariamente a pocas leguas de allí, en la casa comunal de Bruselas! ¡Cómo no entregarse a la meditación ante el austero palacio de los obispos soberanos de Lieja; ante la afiligranada casa de la ciudad en Lovayna, testigo de sangrientas venganzas populares; ante los muros de Namur, que vieron morir al triunfador de Lepanto; ante la ciudadela de Amberes, que lleva aún el nombre de su fundador el duque de Alba! «¡Dichosos los pueblos (decía Montesquieu) cuya historia es fastidiosa!» No pueden por cierto llamar tal los belgas a la suya tan agitada por grandes movimientos interiores, y en que brillan los nombres de Artebelde y Brederode, de Egmont y de Horn; y tan singularmente unida a los grandes acontecimientos europeos, como que en su territorio han disputado el imperio los romanos y los francos, los tudescos y españoles, los franceses y la Santa Alianza. ¡Sangriento y prolongado drama que abre JULIO CÉSAR en las espesas florestas de Soignes, y cierra cayendo Napoleón en los llanos de Waterloó!

Por fortuna para templar tan sombríos recuerdos tiene también la Bélgica los de sus grandes ingenios, cuyas obras esmaltan, por decirlo así, el cuadro interesante de aquel hermoso país. Tiene sus góticas catedrales, elevadas a las nubes por los siglos pasados; tiene sus palacios y casas comunales, tejidos de piedra con tal primor y delicadeza de labores como suele ostentar en sus famosas telas de encaje; tiene en Amberes un RUBENS y un VAN DICK, capaces ellos solos de inmortalizar una nación; tiene un David Tenhiers que ha sabido perpetuar sus costumbres populares con la admirable verdad de su pincel; tiene en Flandes a los hermanos Van Eyck, inventores de la pintura al óleo; tiene en el país walon a un poeta Malherbe, a un compositor Guetri, a quienes puede llamarse los padres de la poesía lírica y de la música francesa.

Viniendo, pues, a mi paseo por aquel bello país, le reduciré en gracia de la brevedad a tres solos artículos; el primero, que es el presente, lo dedicaré a las bellas provincias flamencas; en el segundo me ocupare en recordar rápidamente el país walon, y las provincias de Lieja y Namur; concluyendo esta reseña con una excursión especial hecha al norte, a la interesante ciudad de AMBERES.

Luego que el viajero ha tomado asiento en el convoy que parte de Bruselas cada media hora para la estación central de Malinas; luego que ha sonado la campana, señal de partida, y que la máquina locomotora, arrancando con impetuoso brío hace deslizarse rápidamente las ruedas de los carruajes sobre los carriles en que van encajadas; luego, en fin, que el viajero, reponiéndose de la primera impresión, puede saborear las agradables sensaciones que aquella escena admirable le ofrece: si vuelve la vista a su derecha, mira desfilar rápidamente delante de él los hermosos árboles de la Alameda verde, bello paseo de Bruselas, y por el otro la interminable serie de casas de campo que llenan la distancia desde las puertas de la ciudad hasta el lugar de Schaerbek. Pasa después por delante de los hornos del carbón de piedra, y por la hermosa llanura de Mont-plaisir, punto de reunión en ciertas épocas del año de la más brillante sociedad de Bruselas; mira a lo lejos las bellas torres del palacio real de Laeken, y hace un ligero descanso o estación de dos minutos a en Vilvorde, donde hará bien el viajero en detenerse a visitar la célebre casa de reclusión que tan bien describe el señor La Sagra en su obra que ya he citado. Siguiendo después otras dos leguas el camino sin notables accidentes, llega a la estación central de Malinas, a cinco leguas de Bruselas, y a los treinta minutos de haber salido de aquella capital.

Desde Malinas a Gante se cuenta la distancia de diez leguas, es decir, el espacio de una hora y algunos minutos, durante el cual el viajero no tiene un instante de reposo, viendo pasar rápidamente delante de su vista los más bellos paisajes, los lindos pueblos y caseríos de la Flandes oriental, el magnífico río Escalda, y los canales que cruzan todo el país. En especial después que pierde de vista la antigua y bella ciudad de Thermonde, y que entra de lleno en las hermosas provincias flamencas, el aspecto de la campiña es realmente maravilloso, risueña la fisonomía de los lugares, y admirable el movimiento de su población; hasta que, apenas saboreado el placer que le produce cuadro tan encantador, da vista a la gran ciudad de GANTE, capital de la Flandes oriental, y a los pocos minutos hace alto el convoy en uno de sus arrabales.

Allí están ya esperando a los pasajeros multitud de faetones (omnibús) de elegante forma, con sus ventanillas ojivas y cerradas con cristales de colores y caprichosos dibujos, en cualquiera de los cuales toma asiento, diciendo la fonda en que quiere descender. Éstas, por lo general, exceden en magnificencia y comodidad a todas las de París, y compiten con las mejores de Londres, de suerte que al entrar en la llamada del Correo (por ejemplo), me persuadía haber llegado a una de las primeras capitales de Europa.

GANTE, en efecto, es una de las ciudades más interesantes por su antigüedad e importancia histórica y por su extendido comercio, y por su fisonomía propia y singular. Capital un tiempo del poderoso condado de Flandes; principal teatro de las famosas guerras civiles y extrañas, políticas y religiosas que forman la historia de aquel pueblo; cuna de Carlos V, y víctima de su formidable poder; corte provisional de Luis XVIII emigrado de Francia durante el último periodo de la vida política de Napoleón, la ciudad de Gante ofrece a cada paso al curioso observador los más grandes recuerdos, impresos materialmente en sus calles y monumentos. Por cualquier lado que tienda la vista, no puede prescindir de ellos; ya le sale al paso la famosa torre del concejo (Beffroi), cuya lúgubre campana llamaba a los ciudadanos a las armas en tiempo de las frecuentes revueltas civiles, y desde cuya altura contemplaba Carlos V a la ciudad vencida que le había dado el ser, y rechazaba el proyecto de destrucción que le proponía el duque de Alba. Ya la magnífica Catedral, la más opulenta de toda la Bélgica, en que aún se conserva la pila en que recibió el bautismo el poderoso emperador; ora los restos del antiguo palacio llamado La corte de los príncipes en que aquel nació, y sobre cuyas ruinas se halla hoy establecida una fábrica de cerveza; ora las torres feudales y puerta de entrada del Castillo de los condes de Flandes, que también el tiempo borró. Hállase luego en la plaza del Mercado del viernes, tan célebre en las revueltas flamencas; mira a pocos pasos colocado con misterioso respeto el gran cañón o culebrina de diez y ocho pies de largo por diez de anchura, y de peso de treinta y tres mil libras, que tan importante papel jugó en aquellas escenas, conocido en la historia por el nombre de Dulle griette (Margarita la Rabiosa) y en el vulgo con el apellido de la Maravilla de Gante; o, trasladándose a la época moderna, se encuentra en la calle de los Campos con la casa del conde de Sthennuysse que ocupó Luis XVIII durante los cien días del último período Napoleónico. En aquella calle se puede decir que se hallaba reunida toda la antigua corte de los Borbones, y hasta el duque de Wellington ocupó también una de sus casas. Este período fue el último de importancia política para aquella ciudad.

Si, prescindiendo de los recuerdos históricos, atiende únicamente el viajero al aspecto material de la ciudad, difícilmente puede hallar otra de más grata originalidad. Cruzada toda ella por multitud de canales que le prestan mucha semejanza con Venecia, comunicando entre sí las orillas con más de ochenta puentes, conserva aun la mayor parte de sus casas la forma ojiva, los caprichosos adornos, esculturas y follajes de la arquitectura de la edad media; pintorescas fachadas como la de la casa de los Barqueros a orillas del canal grande; o la de ciudad (hotel de Ville), admirable edificio gótico en parte y parte moderno; torres elevadas y caprichosas portadas en multitud de iglesias de todos los tiempos; bellos peristilos, columnatas en los edificios modernos como la universidad, el casino, el teatro, etc.; calles anchas y despejadas, elegantes casas particulares en los barrios centrales, paseos deliciosos, bellas plazas en el interior de la ciudad. Gante, en fin, cuya población en el día asciende a unos noventa y cinco mil habitantes, cuya industria activa la hace apellidar justamente la Manchester de la Bélgica, cuyo comercio con el interior y con la Inglaterra hacen refluir en ella inmensos capitales, es ciertamente digna de ser considerada como una de las más importantes ciudades de Europa.

Bajo el punto de vista artístico ¿qué diré, sino que toda ella es como nuestro Toledo o Sevilla, un verdadero museo, un álbum gigantesco en cuyas páginas todos los grandes artistas han dejado impreso su nombre? Solo la catedral, dedicada a San Babon, merecería un tomo entero para describir convenientemente los innumerables y preciosísimos objetos que en arquitectura, pintura, escultura y alhajas de valor encierra, y la hacen una de las más ricas de la cristiandad. Casi toda ella está revestida de primorosos mármoles; sus altares y capillas cubiertos de cuadros magníficos, de esculturas admirables, no pudiendo menos de citar entre los primeros el que se halla en la capilla llamada del Cordero, y fue pintado por los hermanos Van Eyck, inventores de la pintura al óleo; el cual, a pesar de sus cuatro siglos de fecha, conserva una trasparencia y verdad de colorido que no puede encarecerse bastante, y que da margen a pensar que la traición doméstica que arrebató a aquellos célebres hermanos el secreto de la pintura al óleo, no fue tan completa que revelase todo el ingenioso mecanismo de que se valían. Una copia de aquel admirable cuadro, mandada hacer por Felipe II, estaba en el Escorial, de donde pasó a poder del Mariscal Soult, y luego a la de Mr. Dansaert Engels, de Bruselas, el cual creo se la ha vendido después al rey de Prusia. Hay otros muchos cuadros de Otto Venius, Van Cleef, Coxie, Rombonts, y demás autores célebres de la escuela flamenca, y entre todos ellos llama justamente la atención el que representa a San Babon entrando en la abadía de San Amand, una de las célebres obras del inmortal Rubens. Sería nunca acabar el intentar hacer mención de los demás objetos de interés artístico, las admirables esculturas del púlpito, de los sepulcros de obispos, estatuas y altares; pero no permite tanto mi rápida reseña.

Las demás iglesias de Gante todas ostentan igual riqueza en obras de arte; siendo imposible dejar de citar la antiquísima de San Nicolás que data del siglo XI, la de Santiago, la de San Miguel, en que esta el cuadro capital de Van Dick que representa a Cristo crucificado, y un soldado presentándole la esponja. En ella vi también un San Francisco de Paula, de nuestro Ribera, el ESPAGNOLETO; la de San Pedro, y otras infinitas iglesias todas notables y dignas de descripción especial. Pero obligado a concluir este párrafo le terminaré haciendo solo mención del Beguinage, especie de comunidad religiosa de mujeres especial de los pueblos flamencos, las cuales, sin hacer votos religiosos ni de perpetuidad, se reúnen bajo cierta regla formada por su fundadora Santa Begue, y forman en cada ciudad flamenca (especialmente en Gante y Brujas), no un convento, sino una verdadera ciudad dentro de la principal, con sus calles, plazas, y multitud de casitas, todas idénticas y sencillas, y una iglesia en la plaza central. En el Beguinage de Gante hay en el día más de seiscientas beatas o Beguinas, y está cercado y completamente independiente de la ciudad. La forma de las casitas, en cada una de las cuales viven seis hermanas, es muy cómoda y sencilla, y pudiendo ser visitadas, es fácil al viajero juzgar de su aseo y economía interior. Todas las hermanas gastan un traje pardo uniforme, una especie de mantilla blanca que llaman la faille, y es por manera original el aspecto que presenta desde el coro la sencilla iglesia de la comunidad cuando a la hora de los oficios del anochecer se hallan reunidas en ella tantas mujeres uniformemente vestidas.

Entre los monumentos modernos de Gante merece el primer lugar la Universidad, soberbio edificio del género clásico, en que, además de la elegancia de la forma y la riqueza material, hay que admirar el grande establecimiento de enseñanza, y sus numerosas dependencias de cátedras, sala de exámenes (magnífica rotonda mucho más bella que la cámara de diputados de París), salones de biblioteca, gabinetes de física, de historia natural, objetos todos dignos del mayor elogio por su riqueza y científica colocación, y tales como ninguna capital de departamento en Francia puede presentar. El Teatro, obra también moderna, es elegantísimo y capaz; igualmente bello el edificio llamado Casino, en que se dan conciertos públicos; el jardín Botánico está considerado como el primero de Bélgica, y la famosa Casa de

Detención, tan bien descrita por el señor La Sagra, otro de los objetos que hacen a aquella ciudad digna del interés y de la curiosidad del viajero.

Siguiendo luego la excursión, y a doce leguas de Gante se encuentra la no menos célebre ciudad de BRUJAS, capital hoy de la Flandes occidental, y un tiempo corte, también ciudad populosa de doscientos mil habitantes, y centro de comercio a donde los venecianos, genoveses, pisanos, españoles y franceses, iban a cambiar sus producciones con las que de Rusia, Polonia y Sajonia aportaban los navíos de las ciudades anseáticas, hasta que en el siglo XV, por causas largas de enumerar, se trasladó a Amberes este gran mercado, decayendo rápidamente la importancia y nombradía de Brujas.

Pero, a pesar del trascurso de los siglos y de las sangrientas guerras políticas y religiosas de aquel país, la ciudad de Brujas es la que puede decirse que conserva aún en su totalidad aquella fisonomía propia y original de la edad media y del país flamenco. Por todas partes las góticas torrecillas, los laboreados frontispicios, los relieves interesantes de los grandes palacios feudales, alternan con las filas de casas cuyas fachadas, terminadas en punta cortada en picos a manera de escalones, anuncian al viajero que se halla, por decirlo así, en el corazón de un pueblo antiguo y tradicional, con historia propia y fisonomía característica. Y aquí me parece del caso contradecir en parte la opinión de los viajeros, que no dudan en asentar la especie de que en los pueblos de Flandes, y especialmente en Brujas, es donde se halla el remedo de las ciudades españolas; pues pudiendo por vista propia juzgar de la mayor parte de éstas, y principalmente de las antiguas Toledo, Burgos, Valladolid, Segovia, Salamanca, Sevilla, Zaragoza, Valencia y Barcelona, etc., no dudo en asegurar que en ninguna de ellas he hallado semejanza con las ciudades flamencas, y que me parece muy gratuita la calificación que se hace de su españolismo. Ni pudiera menos de suceder así; porque la efímera dominación de la monarquía castellana en aquel país no pudo dejar, como todo el mundo conoce, gratos ni duraderos recuerdos; y porque los tercios españoles conducidos por Carlos V o su hijo Don Juan de Austria, por el duque de Alba o el marqués de Spínola, no iban a Flandes a edificar, sino a conquistar el país con la fuerza de las armas. Más natural era decir que aquellos guerreros a su regreso importaron a nuestra España los usos y costumbres flamencas; que los artistas que militaban en los tercios o seguían la comitiva de los príncipes, tomaron allí las ideas de sus monumentos arquitectónicos; y con efecto sabemos que Juan de Herrera y Gaspar de Mora estuvieron en Flandes, y en sus obras del Escorial y de Madrid se encuentra no poca semejanza con las antiguas de aquel país. Sabido es además la protección que el flamenco Carlos V dispensó a los señores flamencos de su corte española, los cuales se fijaron en ella, y fundaron muchas casas que aún se conservan, mientras que las familias españolas que fueron a Flandes, todas o las más desaparecieron de allí cuando cambió aquel país de dueño. Por último, y en prueba de aquella observación, citaré aquí la carta que Felipe II escribía desde Bruselas a 15 de febrero de 1589 a su arquitecto Gaspar de Mora, que a la sazón estaba encargado de la construcción de la casa de Caballerizas de Madrid (hoy Armería Real), mandándole que guardase en ella la forma de los edificios flamencos, cubriendo el techo de pizarras, etc.; y en efecto, así está, y en el costado lateral, rematado en punta con escalones, se ve también el remedo de las fachadas de las casas en Gante y Brujas, y de ninguna manera se parece a las de nuestras ciudades antiguas.

Más bien pudiera hallarse alguna analogía bajo el aspecto del carácter y costumbres de sus habitantes; religiosos, francos, sencillos y de una apacible monotonía. Efectivamente, cuando al revolver las esquinas de las calles de Brujas me hallaba de repente con una imagen de un santo colocada en su nicho, con sendos farolillos laterales, y una piadosa anciana rezando delante de ella; cuando al pasar por el mercado veía a las mujeres del pueblo vestidas con un gracioso dengue y corpiño de guarniciones, como nuestras montañesas de León, y cubierta la cabeza con una especie de mantilla evidentemente española; cuando entraba en sus templos y me hallaba con aquella media luz, producida por las pintadas cristalerías, con el pálido resplandor de cien lámparas delante de los altares; con las imágenes de la Virgen adornadas con ricas vestiduras; con el olor a incienso, y los ecos del órgano religioso, parecíame por un momento hallarme transportado a nuestra España, y la ciudad de Brujas reunía entonces para mí otro atractivo más a los muchos con que cuenta. Pero esto no prueba sino que los flamencos participan como los españoles del apego a las prácticas religiosas, y a la consecuencia en los antiguos usos; y con efecto, las mismas fisonomías, los mismos trajes, lo propios juegos, bailes y entretenimiento que tan admirablemente trasladaron al lienzo los célebres pintores de la escuela flamenca en los siglos XVI y XVII, esos mismos se encuentran en el día, vivos y palpitantes, y con una portentosa exactitud; así como en la Mancha es frecuente hallar entre sus labriegos el tipo de Sancho Panza, o entre sus mozas el de Maritornes, delineados por Cervantes; y en las ferias andaluzas los mendigos de Murillo o los matones de Quevedo.

Los viajeros han dado en decir también que en la fisonomía de los brujenses (cuyas mujeres en especial son notables por su belleza) se revela la analogía con las razas meridionales que ocuparon aquel país; pero esto es otra solemne falsedad, pues, como queda ya indicado, en ningún país de Europa puede hallarse un tipo indígena más pronunciado; y si posible fuera que un extranjero cayera de las nubes en cualquiera de las calles de Brujas, al ver aquellas facciones tan semejantes, aquellos anchos y apacibles rostros, aquellas mejillas sonrosadas, aquella tez trasparente, aquellos labios bermejos, aquellos ojos azules, aquellos cabellos luengos, rubios y ensortijados, no dudaría un instante en reconocer que tenía delante a los originales de David Theniers, y aunque no les oyese hablar en flamenco (especie de dialecto sajón de uso casi general en aquel país) no titubearía en afirmar que estaba en Flandes, en la patria de la manteca y del buen queso.

La población de Brujas, reducida hoy a cuarenta y cinco mil habitantes, hace consistir su principal industria en la fabricación de telas de hilo y mantelerías. Entre los muchos y bellos edificios que hermosean a aquella ciudad llama justamente la atención del viajero la magnífica casa comunal (Hotel de ville) de un gótico puro y bien conservado, aunque destituido de los muchos adornos de estatuas de reyes y condes que fueron quemados con la horca en 1792 por las tropas republicanas. En la misma plaza donde está esta casa se encuentran otros dos monumentos célebres de Brujas, y es el de la derecha la capilla gótica llamada de la sangre de Cristo, en que se conservan algunas gotas en una riquísima urna de trabajo plateresco; y el de la izquierda el Palacio de Justicia, antigua residencia de los Condes de Flandes y del Tribunal del Franco de Brujas, en una de cuyas salas se ve una exquisita obra de talla que adorna una chimenea, y es el trabajo más delicado de esta especie que recuerdo haber visto, aunque entren en corro las magníficas sillerías de Toledo, Burgos, Miraflores, etc.

Pero el edificio que más impreso queda en la mente del viajero que visita a Brujas, es la torre del Mercado o Alhóndiga, de una forma elegante y magnífica, de una elevación de trescientos sesenta pies, y desde cuya altura, además de todo el conjunto de aquella romántica ciudad, se descubren todas las bellas campiñas de las dos Flandes, las ciudades de Gante, Courtray, L'Ecluse, Ostende, y allá en el fondo perdidas en la bruma las costas de Holanda y las de Inglaterra. Esta torre posee además un carillon o juego de cuarenta y ocho campanas, que es el más célebre de toda la Bélgica, y están dispuestas aquéllas con tan admirable consonancia que pueden ejecutarse con ellas las más lindas tonadas; dando lugar en las solemnidades religiosas a que los campaneros de Brujas se luzcan y ganen apuestas a los demás del país. Sirve también dicha torre para colocar en ella guardas o vigilantes, que con el sonido de una trompeta anuncian los incendios que ocurren durante la noche.

La catedral de San Salvador, bellísimo monumento gótico de los siglos XIV y XV, a pesar del violento incendio que sufrió en el año pasado de 1839, se halla ya casi del todo restaurada por la generosidad y espíritu religioso de los brujenses. En aquella famosa iglesia fue donde Felipe el Bueno, duque de Borgoña, fundó en 1498 la insigne orden del Toison de Oro y que solo pueden dispensar los reyes de España como duques de Borgoña, y el emperador de Austria; y en la misma iglesia se celebró el primer capítulo de aquella Orden, conservándose todavía colgadas al rededor del coro las empresas o armaduras de los caballeros que concurrieron a él. En la iglesia llamada de Nuestra Señora (que es la segunda de Brujas, y cuya elevadísima torre sirve de señal a los navegantes) hay que admirar en una de sus capillas los magníficos mausoleos de bronce ricamente esculpidos y esmaltados que Carlos V y Felipe II hicieron trabajar para encerrar los restos de los últimos duques de Borgoña Carlos el Temerario y la archiduquesa María, cuyos bellísimos monumentos se conservan cuidadosamente, gracias a un armazón de madera que los cubre, y que levanta el cicerone de la iglesia cuando algún visitador desea verlos; loable costumbre que hubiera sido de desear ver puesta en práctica en nuestras iglesias, tan adornadas con obras de esta especie, con lo cual no se verían mutilados por manos mal intencionadas los magníficos sepulcros de Juan II en la cartuja de Miraflores, de los Reyes Católicos en Granada, del Cid en Cardeña, etc.

La iglesia del hospital de San Juan, y una sala contigua al mismo, encierran también una bellísima galería de pinturas admirables de los hermanos Van Eyck y de su rival Hemling, en donde puede observarse la obstinada lucha entre el antiguo método de pintura seguido por éste y la invención de aquellos. Últimamente, la iglesia llamada de Jerusalén ofrece la rara singularidad de ser una reproducción exacta de la del Santo Sepulcro, para lo cual el arquitecto Pedro Adornés que la construyó hizo tres veces la peregrinación a aquellos Santos lugares. Y termino aquí la indicación de algunas de las innumerables bellezas artísticas que encierra aquella antigua ciudad.

Nada diré de la de Ostende, distante unas cuatro leguas de Brujas, porque su construcción sencilla y moderna (a causa de los frecuentes sitios sostenidos contra españoles, franceses e ingleses que la arruinaron en diversas ocasiones) nada ofrece de particular, más que ser el único puerto propiamente de mar que cuenta la Bélgica, y está destinado especialmente a la marina real.

Saludando las embravecidas olas del mar del Norte, regresé a Malinas atravesando de nuevo las deliciosas campiñas de las dos Flandes, entretenida la vista con el cuadro pintoresco y variado de aquel hermoso jardín, y ocupada la memoria en el recuerdo de las páginas de nuestra historia nacional escritas con sangre en aquellas hoy felices campiñas. Únicamente tuve el sentimiento de que la estación avanzada y el mal temporal no me permitiesen disfrutar en ella alguna de aquellas alegres y animadas fiestas dominicales que describen en sus relaciones los graciosos de Calderón y Lope, y cuyas populares escenas podemos por fortuna contemplar trasladadas por el mágico pincel de Theniers, en la preciosa colección que encierra nuestro Museo de Madrid.

XV. Malinas. Lieja. Namur

La distancia mayor que comprenden los caminos de hierro es la de cincuenta y cinco leguas que median entre Ostende y la ciudad Walona de Lieja, capital de la provincia de su nombre; y esta distancia se franquea en el corto término de siete horas, variando en ellas tan rápidamente de situación local que se hace sensible hasta en el reló que lleva el viajero; y cambiando también el aspecto del país y de las costumbres de los habitantes, cuanto difieren entre sí las diversas razas norte y meridional; el clima nebuloso de aquél, y la clara y despejada atmósfera de éste; los terrenos bajos, llanos y pantanosos de la Flandes, y las pintorescas montañas, a cuyo pie corre el apacible Mossa.

Sin embargo de este rápido movimiento, ¡cosa singular y que han observado conmigo otros viajeros! y es que el fastidio de la travesía está en razón de la distancia, no del tiempo empleado en salvarla; pues por mucho que vuele el cuerpo, es aún más voladora la imaginación; de suerte que en la del viajero puede asegurarse que cuatro horas sobre el camino de hierro equivalen a doce sobre los caminos ordinarios. Esto no quita para que al apearse en Malinas a las doce del día deje de reconocer con sorpresa que eran las nueve cuando dejó en Ostende las orillas del mar del Norte.

La ciudad de MALINAS, apellidada por mucho tiempo la dichosa a causa del solemne jubileo que el Pontífice Nicolás V la concedió, y la limpia por el esmerado aseo de sus calles, es solo hoy una ligera sombra de lo que fue un día, cuando era cabeza de la Señoría que llevaba su nombre, y lugar de residencia de un parlamento supremo. Conserva, empero, como todas las ciudades de Bélgica, muchos recuerdos materiales de su antigua historia y tales como la casa de ciudad, el palacio arzobispal, el colegio municipal, y sobre todo su hermosa catedral, y otros edificios religiosos, que no dejan de visitar con atención los viajeros aficionados, por las muchas y apreciables obras de arte que encierran. Dicha catedral está dedicada a San Rombaldo; es obra del siglo XIII, y se anuncia desde lejos majestuosamente por una bella torre cuadrada en que hay un reló con un admirable juego de campanas (carillon), uno de los signos característicos de las catedrales belgas. El adorno interior de aquel templo responde bien o su noble aspecto exterior; son realmente admirables las obras de escultura era las tumbas de señores y arzobispos de Malinas, que llenan las capillas y el coro, y toda la iglesia es un verdadero museo de cuadros admirables, entre los que sobresale un famoso Calvario pintado por Van Dick. En otra iglesia llamada de Nuestra Señora puede admirar el viajero el célebre cuadro de Rubens, que representa La Pesca milagrosa, y otra multitud de pinturas excelentes. En la de San Juan luce también el mágico pincel de Rubens en el cuadro del coro que representa La Adoración de los pastores, y otras muchas pinturas de su mano que hacían decir frecuentemente a aquel grande artista: «El que quiera ver lo que yo sé hacer, que vaya a San Juan de Malinas». Todas las demás iglesias son igualmente ricas en materia de arte. Esta ciudad, célebre igualmente por la fabricación de sus encajes, conserva aún su antigua nombradía, aunque decaído este ramo con la competencia de los tules, distinguiéndose, empero, notablemente los encajes de Malinas, por su belleza, solidez, delicadeza y buen gusto en el dibujo.

Luego desde que en dicho Malinas, estación céntrica del viaje, toma asiento el viajero en el convoy que sigue hasta Lieja, continúa el camino paralelo con el hermoso canal de Lovayna, delante de cuya ciudad se hace estación, pudiendo detenerse en ella, que bien lo merece por su importancia histórica, la riqueza de sus monumentos públicos y la fama de su Universidad Católica. Por mi parte confieso que, por una pereza imperdonable, me contenté con verla desde afuera, y con admirar la imponente masa de su célebre casa comunal, uno de los edificios góticos más ricos de adorno que cuenta la Bélgica, y aún la Europa toda; y siguiendo nuestra marcha por las inmensas y fértiles llanuras del Bravante Walon dando vista a multitud de pueblos, castillos y caseríos, célebres en la comarca, marcados muchos de ellos en nuestra historia, como el de Roosbeck, en cuyos campos las tropas españolas obtuvieron una señalada victoria sobre las del gran Bailío Jacobo de Glimes; y perdiendo, en fin, de vista la llanura para entrar en un terreno quebrado y montañoso, llegamos al famoso tunnel de Cumptich, de que ya he hablado en el artículo de los caminos de hierro. Saliendo, pues, de aquella prolongada caverna, y pasando luego por delante de ciudades tan importantes como Thirlemon, Landen, Waremme, etc., se llega en fin al pueblo de Ans, tres cuartos de hora antes de Lieja, a donde concluye hasta el día el camino de hierro. Aquí hay necesidad de trasegar a los viajeros en coches comunes para llegar a la ciudad, y entonces es cuando se hace sensible la diferencia de uno y otro medio de transporte.

La historia de la antigua y célebre ciudad de Lieja es una de las más interesantes, o acaso la primera entre todas las de las ciudades de Bélgica; poblada desde el siglo VII, dominada durante ocho centurias por sus obispos soberanos, en lucha siempre contra el espíritu turbulento de democracia; sosteniendo otras veces sitios y saqueos terribles para Carlos el Temerario, y otros señores antiguos y modernos; agitada por un espíritu de inquietud y vitalidad que ha tenido siempre en alarma a todos los gobiernos que han dominado la Bélgica, ha sido víctima de las desgracias que son consiguientes a aquel espíritu de sus habitantes, los cuales, por otro lado, dedicados con todo el ardor de su entusiasmo al cultivo de las artes y a las ciencias, han dado a conocer bien en todos tiempos la potencia de sus facultades intelectuales, al paso que su alegre carácter (que participa mucho de la vivacidad francesa) forma un contraste halagüeño con la apacible serenidad de los brabanzones y flamencos.

La extensión de aquella ciudad es tan considerable que llegan a contarse en ella hasta once mil casas, aunque solo está poblada por unos sesenta mil habitantes. Bajo dos aspectos diferentes puede ser considerada; bajo el punto de vista monumental y artístico, o bajo el industrial: el primero ofrece aún bastantes objetos de interés, si bien el conjunto de la ciudad está distante del carácter original de las flamencas; pero su estado industrial es realmente floreciente, y en sus diversos ramos presenta un cuadro interesante para el curioso observador.

Sus muchas y excelentes fábricas de armas, entre las cuales se cuenta la gran fundición de cañones, una de las primeras de Europa; la explotación de las ricas minas de carbón y de hierro de sus contornos; los soberbios establecimientos de Seraing, en que han sido trabajadas todas las máquinas que andan en los caminos de hierro; las de cristalería de Val St. Lambert, y un sin número de otras importantes fábricas cuyas altas chimeneas humean en sus contornos, asemejándolos en parte a los de la ciudad inglesa de Birminghan, dan luego a conocer la riqueza de ésta de Lieja, colocada afortunadamente en el punto intermedio entre la Bélgica y la Alemania, y sobre un río que la comunica con la Francia y la Holanda.

El material aspecto de Lieja tiene muchos puntos de contacto con las ciudades departamentales del norte de Francia; con sus naturales divisiones de antigua y moderna, su río que atraviesa la ciudad, sus casas altas, y oscuras calles, sucias en aquélla, alineadas y limpias en ésta; su antigua catedral, y sombrío palacio de Justicia; su boulevart, y diques a la orilla del río, y hasta los edificios modernos greco-franceses, el exterior de las casas particulares, el adorno de las tiendas, y una bella galería de cristales (pasage) como las de París, todo es análogo a lo que se halla en Francia. Por último, el idioma de la sociedad media (pues en las clases bajas está todavía muy generalizado el dialecto walon) es más francés que el que suele hablarse en algunos departamentos de aquella nación.

Entre los edificios antiguos quedan aún dignos de atención el ya dicho palacio de Justicia residencia un tiempo de los obispos Soberanos, con una galería interior muy digna de atención; las magníficas iglesias de Santiago, San Martín, San Bartolomé, Santa Cruz y la catedral de San Pablo, obra de diversos siglos, que ofrece en el día un todo bastante mezquino comparado con otras catedrales belgas. Esta iglesia es la única que he visto iluminada por el gas durante los oficios de la noche, habiéndome tocado visitarla el primero de noviembre, fiesta de todos los Santos.

El vasto edificio de la Universidad encierra, además de los departamentos de enseñanza, una excelente biblioteca de setenta y cinco mil volúmenes, y muy bellos gabinetes de historia natural, física, química, anatomía, dignos de la mayor alabanza, así como el jardín Botánico rico y bien clasificado, de cuyos establecimientos conservo apreciables noticias que me suministró el joven y apreciable Doctor Morren, catedrático de Botánica en aquella universidad, que tuvo la bondad de acompañarme en mis excursiones Liejeses con aquella amabilidad y cortesía de que hace también mención el señor La Sagra en sus viajes.

El Teatro, en fin, obra de este siglo, y cuya primera piedra fue colocada por la célebre actriz francesa la señora Mars en 1.º de julio de 1818, es un edificio bastante pesado y sin novedad. Desgraciadamente la compañía que cantaba la ópera de Fra Diábolo era más pesada aún, y en mi vida recuerdo haber visto un acompañamiento de silbidos más estrepitoso que el que hacían los concurrentes desde el principio hasta el fin de la función.

Mi detención en esta ciudad fue tan corta que no me atrevo a decidir si tuvo o no razón Mr. Alejandro Dumas en afirmar que en ella no se halla medio de comer a otra hora que a la una de la tarde; que allí es desconocido el pan, y que se suple con una especie de tortas y bollos de maíz; que las sábanas de las camas son en ella tan pequeñas como toallas, y que si tapan los hombros, dejan al aire los pies, etc. Esta manera de rasguear de una sola plumada las costumbres de un pueblo, es muy propia del carácter francés, pero no me parece la más prudente: en cuanto a mí puedo decir (y perdone aquel célebre viajero) que comí en Lieja muy bien a las cinco de la tarde (si bien el uso general en Bélgica como en España es comer desde la una a las tres); que no tengo presente si tuve pan, pero en fin... «a falta de pan (dice un refrán castellano) buenas son tortas»; y que las sábanas del hotel de la Europa, la habitación, los criados, y hasta las lindas hijas del ama de la casa, todo me pareció más que regular, y de ningún modo merecedor de la filípica Dumástica.

El plan de mi viaje hizo que desde Lieja me dirigiese a Namur por camino ordinario, pues en esta travesía no le hay todavía de hierro; y no me pesó de ello, porque de este modo pude recrear la vista con la magnífica perspectiva que ofrecen las orillas del Mossa, bordadas de colinas y montañas pintorescas, alternando con valles deliciosos, ricos y variados huertos y jardines, saltos y manantiales de agua cristalina, molinos y fábricas, rocas elevadas, y sobre ellas lindos castillos y casas de recreo, multitud de pueblos y caseríos bellísimos, y demás objetos que han hecho aplicar a esta comarca el apodo de la pequeña Suiza. Todo esto va en aumento aun después de salir de Namur hasta la ciudad de Dinant, que dista de ella cuatro o cinco leguas especialmente esta travesía tiene mucha semejanza con los bellos y pintorescos contornos de Bilbao, y otros puntos de las provincias Vascongadas.

La ciudad de Namur es una pequeña población fortificada que ofrece poco interés al viajero, aunque el aspecto moderno de sus edificios, la comodidad y aseo de sus calles la hacen sin duda grata a la vista. Tiene una bella catedral moderna, del siglo pasado, verdadera miniatura de los templos clásicos de San Pedro en Roma y San Pablo de Londres, en la cual se encuentra el monumento bajo que fueron depositadas las entrañas de Don Juan de Austria, muerto en la aldea de Bouges, a un cuarto de legua de

Namur, el 20 de agosto de 1578. Tiene una célebre ciudadela que tantos y tan reñidos sitios ha sostenido contra españoles, franceses, ingleses y alemanes; tiene excelentes y nombradas fábricas de cuchillería, de que hace un importante comercio; tiene en fin muchos establecimientos de instrucción y de beneficencia dignos de ser visitados. De éstos solo haré mención de dos; el primero el colegio de Jesuitas, quienes, valiéndose de la protección que indistintamente ofrece a todos los ciudadanos la ley belga, han levantado en estos últimos años un magnífico edificio con destino a la enseñanza, en el que reúnen ya hasta seiscientos alumnos internos de buenas familias de todo el país; y en el régimen interior, aseo y decoro del establecimiento, se observa aquella inteligencia, aquel conjunto agradable que fue siempre el distintivo de las casas de la compañía. En ésta hallé dos padres jesuitas de la casa de Madrid, que, habiendo escapado afortunadamente de los sangrientos días 17 y 18 de julio de 1854, han ido a parar a Namur, donde se hallan ejerciendo ya entre sus compañeros funciones de importancia.

El otra establecimiento de que quiero hacer mención es la moderna Penitenciaría de mujeres (posterior a la obra del señor La Sagra, y de que aquél no pudo dar noticia), verdadero modelo de este género de establecimientos, por su material construcción y su régimen interior. Sin meterme a tratar la cuestión de penalidad, muy ajena de mis escasos conocimientos y del objeto de estos artículos, no pude menos de reconocer en este establecimiento un orden tan grande en su mecanismo, una aplicación tan clara de las doctrinas modernas en este punto, que dejaron en mi memoria una profunda impresión, neutralizada por la dolorosa sensación que me produjo el aspecto de cuatrocientas cincuenta mujeres, muchas de ellas jóvenes y hermosas, condenadas al encierro y al trabajo, unas perpetuamente, y todas al más rigoroso silencio.

Al entrar en aquella triste mansión dejan su traje y se les obliga a tomar el modesto y uniforme de la casa; pierden su nombre y son designadas únicamente por un número; pierden el uso de la libertad, y hasta se las exige que olviden el de la lengua... ¡qué mayor castigo para una mujer...! ¡Renunciar al deseo de agradar, al interés de su persona, al placer de comunicar sus pensamientos!... Sentadas durante todas las horas del día a lo largo de la gran galería obrador, hilan o tejen en los talleres vigiladas rigorosamente por las guardianas, que no bien observan a alguna remover los labios, apuntan su número en la libreta, dan luego parte al director y queda designada la infeliz para sufrir el castigo de tal o tal pérdida de parte del alimento, tal o tal reclusión forzada, etc. En aquel terrible cuadro, por otro lado animado con una hermosa luz que viene se las ventanas del techo y la presencia de tantas mujeres de todas edades, todas con su toca blanca uniforme, y bajo cuyo modesto y desairado corte todavía las hermosas hallan medio de parecer bien, solo se oye el ruido monótono de los tornos, o las pisadas de las guardianas; y aún el profano que hacían nuestras botas al recorrer aquella triste mansión (favor raramente dispensado a visitadores de otro sexo) no alcanzaba a romper los lazos del temor y a hacer levantar, o volver la cabeza a aquellas infelices, cuyo silencio elocuente despedaza el corazón.

Todavía penetré más allá de Namur por esta parte de la Bélgica, pues llegué a tocar con los límites del Luxemburgo y las Ardenas, hasta Beauraing, territorio del dominio del señor duque de Osuna, descendiente de la ilustre casa de Beaufort, quien conserva en sus restos de un antiguo y célebre castillo. Mi intento era conocer la vida de los habitantes del campo y de las pequeñas poblaciones apartadas de las grandes carreteras; y si el movimiento y animación de aquéllas me habían sorprendido, no fue menos grata la impresión que me produjo el uniforme aspecto de bien estar, de seguridad y de alegría que me ofrecieron éstas. Pueblos pintorescos y variados, campos bellísimos, bosques deliciosos y bien cultivados, castillos y quintas de trecho en trecho, donde habitan la mayor parte del año sus opulentos dueños vecinos de la corte o de otras ciudades; la más completa seguridad a todas horas; la frecuencia de comunicaciones; animación en los trabajos del campo y de la industria durante toda la semana; fiestas religiosas en las modestas iglesias; bailes y juegos en las plazas los domingos; autoridad paternal en los poderosos; docilidad y cariño en los subalternos; uniformidad del existir, moderación en los deseos; respeto a la propiedad, y amor a la familia y al país; esto es lo que se me revelaba a cada paso en aquellos pueblos cuyas casas veía defendidas día y noche solamente con una simple vidriera; en aquellos campos en que miraba circular a todas horas hombres y mujeres; en aquellas quintas, apartadas una o dos leguas de las poblaciones, en la cima de una montaña o en el fondo de un bosque; y habitadas por sus señores sin guardas ni precauciones; en aquellos párrocos explicando el Evangelio bajo el pórtico de la iglesia; en aquel tranquilo hogar del pobre; en aquellos ricos salones del señor, animados unos y otros con el divino ambiente de la paz doméstica; y no me causó sorpresa cuando en una de mis correrías alcancé a ver al mismo rey Leopoldo, que con una modesta comitiva suele salir a cazar por aquellos contornos, o dirigir por sí mismo la traza de un camino o de alguna otra obra importante. Aparato sencillo que hace el elogio de aquellos habitantes, y contrasta visiblemente con el formidable de que tiene que rodearse el rey ciudadano cuando sale a recorrer las calles de su buena ciudad de París.

XVI y último Amberes

La última de mis excursiones por el país belga fue exclusivamente consagrada a visitar la ciudad de AMBERES, célebre emporio del comercio, y lugar tan señalado por los grandes hechos de armas de varias naciones. Especialmente para un español, apasionado ardiente de nuestras antiguas glorias, la visita a aquel gran teatro histórico es una peregrinación que excita las más profundas sensaciones; y con desconfianza de poder expresarlas, entro en este último período de mi bosquejo, cuando ya debe hallarse fatigada la atención de los lectores, no menos que las débiles fuerzas de mi pluma.

AMBERES, una de las plazas más fuertes de Europa, se halla bañada al oeste por el magnífico río Escalda, cuyas orillas defienden multitud de baluartes, y rodeada por la parte norte de fosos y murallas de grande fortaleza; hacia el mediodía tiene para su defensa la célebre ciudadela, mandada construir por el duque de Alba Don Fernando Álvarez de Toledo. La figura de la ciudad asemeja a la de un arco extendido, cuya cuerda forma el río, y su mayor extensión es de media legua: aunque distante unas diez y siete leguas del mar, es considerada como puerto, y puerto importantísimo, porque la capacidad del Escalda, que tiene delante de la ciudad más de ciento ochenta varas de anchura por quince de profundidad, permite a los buques de alto bordo remontar hasta sus muros, y estacionar en el magnífica puerto mandado construir por el emperador Napoleón. El interior de la ciudad, además, está cruzado por varios canales que comunican con el río y le prestan toda la facilidad que su comercio necesita.

Aunque decaída en parte de la importancia mercantil que tuvo en los tiempos en que quinientos buques aportaban diariamente a sus orillas los tesoros de ambos mundos; en que cinco mil negociantes se reunían en su bolsa o lonja de comercio, poniendo en circulación todos los años quinientos millones de florines; de aquella época, en fin, en que habiendo aceptado Carlos V el convite del negociante amberino Daems, su acreedor por dos millones de florines, arrojó éste al fuego la firma del crédito, diciendo que «se daba por sobradamente satisfecho con el honor de haber tenido a su mesa al monarca soberano de tantos pueblos»; sin embargo, todavía el movimiento mercantil de su población, reducida hoy al número de ochenta mil habitantes, sus importantes fabricaciones de sederías, tules, galones, refinos de azúcar, etc.; su bello caserío, el rango militar de su fortaleza, y la importancia artística de su escuela de pintura, constituyen aún a Amberes en un lugar muy interesante entre las ciudades de Europa.

Fundada en los tiempos más remotos, y de que no hay noticias exactas, conocida en la antigua historia con los nombres de Andoverp, Andoverpia, Antuerpha, Antwerp y otros, derivados de las palabras flamencas Hand-Werpen, que quiere decir mano arrojada, o aen t'werp, que significa delante del río; dominada sucesivamente por los romanos, normandos, francos, loreneses, por los duques de Bravante, los monarcas españoles, alemanes, franceses, holandeses y belgas; elevada al apogeo de su poder por Carlos V y Felipe II, en cuyo tiempo llegó a ser la primera plaza del comercio del Norte, con una población de doscientas mil almas, y más de dos mil buques en su puerto; despedazada luego por las guerras de religión; tomada por asalto, saqueada e incendiada por el ejército español en el año de 1576 y en otros sitios célebres; más tarde por el duque de Malboroug y los ingleses; después por los franceses y bravanzones; por las tropas de la república; por las imperiales; por las de la Santa Alianza, y últimamente en 1832 por las franco-belgas que obligaron a los holandeses a evacuar la ciudadela, no hay género de desgracia ni de horrores de que no haya sido víctima aquella ciudad; y sin embargo todavía levanta orgullosa su frente y forma el encanto del viajero que la visita.

En ella sí que puede justamente decirse que se revela todavía más de una huella del paso de la raza española: en ella sí que sus edificios públicos (algunos de ellos obras de arquitectos españoles), que muchas de sus casas particulares, propiedad de los comerciantes de nuestra nación que allí iban a establecerse, denuncian a cada paso la dominación castellana; y sin tratar ahora de la célebre fortaleza del duque de Alba, de la casa de ciudad, de las muchas iglesias como el convento de las Carmelitas, fundada por la misma Santa Teresa, y otras de origen español, no hay más que dar una vuelta por las calles de la ciudad para encontrar aún en muchas de sus casas aquel modo de construcción peculiar de nuestro país; aquellos patios enlosados, aquellas rejas bajas y salientes, aquellos balcones de madera, aquellas tapias de ladrillo y pedernal, aquellas puertas arqueadas, aquellas armas y empresas nobiliarias esculpidas en piedra berroqueña sobre ellas, algunas todavía conservando los motes en latín, castellano o vascuence, aquellos nichos con cruces y santos, aquellas celosías y miradores que constituyen aún la fisonomía especial de las casas de Toledo, Valladolid, Segovia, etc. Sin embargo, la inmensa mayoría de las casas de Amberes ostenta hoy toda la grandeza y elegancia del arte moderno; sus calles anchas y alineadas presentan un magnífico golpe de vista; su excelente piso y alumbrado por medio del gas (como todas las ciudades belgas) ofrece la mayor comodidad; y la riqueza y abundancia de sus tiendas de comercio, cafés, fondas y mercados, la hacen, en mi juicio, superior en suntuosidad y agrado a la misma capital Bruselas.

Los monumentos públicos encierran también todo aquel grado de interés que los de las otras ciudades sus rivales, y baste decir que Amberes es la patria de Rubens, de Van Dick, de los dos Theniers, y de tantos otros célebres artistas jefes de la escuela llamada flamenca, y que han consignado en aquella ciudad las más brillantes obras de su talento.

Con efecto, si para conocer bien a RAFAEL es preciso ir a Roma, y visitar a Sevilla para apreciar dignamente a MURILLO, para admirar a RUBENS es necesario ir a Amberes. Allí, en todas las iglesias, en todos los palacios, museos y colecciones particulares están sembradas las flores de su fecundo pincel; allí está la casa en que vivió; allí la tumba que le encierra; allí, en fin, la estatua colosal que el entusiasmo de los amberinos le ha erigido en el año último.

Era el día 15 de agosto de 1840, y cumplíase en él el segundo aniversario secular de la muerte del grande artista. Las autoridades de Amberes, secundadas por las muchas corporaciones científicas, y por el entusiasmo general de la población, habían dispuesto elevar a la memoria de aquel hombre ilustre una estatua colosal de bronce, que le representa, sobre un pedestal adornado de relieves alegóricos. Una gran parte de la población de las ciudades belgas y holandesas, francesas, inglesas y alemanas se habían apresurado a correr a tomar parte en las magníficas fiestas dispuestas para aquella solemnidad europea; las calles de Amberes rebosaban en gentes de todas naciones, costumbres y dialectos; las fachadas de las casas, adornadas con guirnaldas y colgaduras, las avenidas de las calles con arcos de triunfo, templos alegóricos, obeliscos y decoraciones trasparentes ofrecían un espectáculo semejante al que cuentan las historias que presentaban cuando en 1685 hizo su entrada pública el príncipe don Fernando, infante de España. Por todas partes veíanse flotar guirnaldas y banderolas; por todas se leían versos e inscripciones alegóricas al héroe de la fiesta nacional. Las salvas de artillería, el redoblar de las campanas, el armonioso juego de los carillones, el ruido de los cohetes y de las aclamaciones de la multitud embargaban el alma y ponían en suspenso los sentidos.

Durante doce días consecutivos una larga serie de solemnidades religiosas, artísticas y literarias, de espectáculos alegres, juegos, bailes y regocijos, en que la opulenta ciudad de Amberes gastó más de tres millones de nuestra moneda, consignaron dignamente el objeto de aquella fiesta. La municipalidad hizo abrir dos medallas con el busto de Rubens; la Sociedad Real de ciencias, letras y artes, la Flamenca, el Ateneo y otras repartieron premios a los autores de las mejores memorias en elogio del artista; y aquéllas y éstos fueron distribuidos al inaugurarse la estatua delante del puerto con magnífico aparato y ceremonias; al mismo tiempo que se botaba al agua un bello navío; que las fuentes públicas corrían vino y cerveza; que se hacían cuantiosas distribuciones de víveres a los pobres; que la ciudad toda iluminada presentaba el aspecto de una ascua de oro.

Otro de los días estaba consagrado a las festividades religiosas, como no podía menos en pueblo tan amante de su gloria como de su fe; y en él se verificó la gran procesión de la Virgen, patrona de Amberes, la solemne Misa y Te Deum en la catedral, y la visita a la tumba de Rubens en la iglesia de Santiago. Otros días, en fin, tuvieron lugar los grandes conciertos dados por la sociedad de la Armonía, y la de Guillelmo Tell; la exposición de las flores; la de la industria; la de las bellas artes; los juegos navales sobre el Escalda; el paseo de la gran cabalgata del gigante Antígono y su familia (una de las antiguallas de Amberes) y el carro de Rubens; las grandes fiestas teatrales, los fuegos de artificio, los bailes en las plazas públicas, los banquetes-monstruos, las paradas de la tropa, y la entrada triunfal de las sociedades extranjeras del Arco y la Ballesta. De este modo solemnizó Amberes la memoria de su grande artista, dando en ello prueba de su entusiasmo nacional, de su magnificencia y buen gusto.

Reclamando sinceramente la indulgencia de mis lectores por este episodio que me he permitido, seguiré la rápida reseña de los principales objetos de curiosidad que llaman la atención en aquella ciudad insigne.

Sea el primero la famosa Ciudadela, que tanta importancia presta a la posesión de Amberes, y fue, como ya queda sentado, mandada construir por el duque de Alba para tener en respeto a aquella indómita población. Como casi todas las ciudadelas de esta clase, la de Amberes presenta la forma de un pentágono regular con cinco frentes de fortificaciones, dos que miran al campo, uno al río, otro a la ciudad, y otro a las obras avanzadas de fortificación que protege. A pesar de las mudanzas de dueños, y de las variaciones materiales que ha sufrido, todavía los bastiones o baluartes de aquella ciudadela conservan los nombres españoles de su fundador: el que mira a la explanada se llama el baluarte de Fernando; el que está a su derecha se llama de Toledo; otro el de Pacciotto (nombre del ingeniero constructor); otro el de Alba, y otro, en fin, el del Duque.

Después de la revolución de setiembre de 1830, la ciudad de Amberes fue ocupada por los belgas independientes, y las tropas holandesas retirándose a la ciudadela incendiaron el arsenal y muchas casas de sus cercanías; pasáronse así los años de 1831 y 1832, durante los cuales la ciudad quedó fortificada grandemente por los belgas, armadas sus baterías, abiertas trincheras, levantados parapetos, y coronado todo ello por un número de cuatrocientas diez piezas de artillería, que hacían respetable su agresión a los holandeses. Por su parte éstos habían fortificado poderosamente la ciudadela bajo el mando del barón Chassé; y tal era su estado cuando los gabinetes de París y de Londres resolvieron arrojarlos a viva fuerza de aquella posición. A esta nueva, el terror de un choque violentísimo se esparció por la ciudad; muchos habitantes abandonaron sus hogares, y otros tomaron todas las precauciones posibles para el caso de un bombardeo.

Un ejército francés de sesenta y cinco mil hombres a las órdenes del mariscal Gerard, y mandadas sus divisiones por los duques de Orleans y de Nemours, ocupó la ciudad el día 28 de noviembre de 1832, y el 30 a la media noche rompió el fuego de la ciudadela contra los trabajos de aproximación emprendidos por los franceses, a pesar de las lluvias continuadas y en medio de indecibles obstáculos. El 4 de diciembre rompieron éstos en fin por su parte el fuego, siguiéndole durante 19 días con tan horrible vigor, que muy luego fueron acribillados por las balas los edificios de la ciudadela, el piso de sus plataformas hundido por las bombas, y mutilada gran parte de su guarnición. El 14 de diciembre fue tomada por asalto la luneta de San Lorenzo, después de 15 días de trinchera abierta, y el 22 el fuego redoblado de todas las baterías francesas y belgas, y el de las lanchas cañoneras estacionadas delante de los fuertes, cubrieron materialmente de proyectiles todo el suelo de la plaza, habiéndose calculado en setenta y cuatro mil los disparos de la artillería sitiadora, de los cuales veinte mil bombas, que dejaron arruinados todos sus edificios, y ni un palmo siquiera de abrigo a sus defensores; en términos que el día siguiente 23, al tiempo de ir a darse el asalto general, dos oficiales holandeses se presentaron como parlamentarios en el campo francés; pero mientras se trataba de las capitulaciones el comandante de la escuadrilla holandesa Koopman, no queriendo entrar en ellas, intentó escapar con sus buques; mas detenido por las baterías francesas, prefirió incendiarlos durante la noche, último y terrible episodio que ofreció aquel sangriento cuadro.

Al día siguiente 24 de diciembre la guarnición de cinco mil hombres entregó las armas, y los franceses tomaron posesión de la ciudadela, que el 31 entregaron a los belgas; llevando solo a París por testimonio de su conquista las banderas holandesas.

Todas estas noticias las debo al amable conserje de la ciudadela que me acompañó en mi visita, y me contó el sitio con toda la inteligencia de un militar, y con toda la exactitud de un testigo de vista.

Viniendo ahora a los edificios públicos de la ciudad, solo me permitiré citar algunos, como la Casa consistorial, obra de bella apariencia del siglo XVI y del tiempo de la dominación española. La Bolsa, también de la misma época, especie de claustro abierto entre cuatro calles que le dan la entrada, de una fisonomía original y propia. La casa Anseática delante del puerto, que sirvió en otro tiempo de factoría a las ciudades anseáticas, soberbio edificio, con el cual juega bien el otro de depósito mercantil de moderna. construcción. El Teatro, en fin, inaugurado en 1854, de una bella y suntuosa forma, y que, como el de Bruselas y el de Gante, puede competir con los más bellos de París o de Londres; sin embargo su misma magnificencia y suntuosidad pudiera achacarse de exagerada, atendiendo a la reducida población de Amberes, y a la poca inclinación que manifiesta a los espectáculos escénicos, bastando a los activos negociantes de que se compone su mayor parte aquélla, en cualquiera de los muchos Cafés Estaminets, formar corro en rededor de una mesa con sendos vasos de cerveza delante, y su pipa en la boca, y pasar así tres o cuatro horas tratando de sus negocios, o narrando sus aventuras con aquella calma y franca solemnidad con que los pinta David Theniers en sus admirables bocetos.

Puede presumirse que en aquella ciudad-museo el establecimiento que lleva especialmente este nombre será de una riqueza extraordinaria: lo es con efecto bajo el punto de vista del mérito de las obras en él expuestas; aunque malamente colocadas en un antiguo edificio destemplado, húmedo, y con escasísima luz. En él se admiran más de doscientos cuadros de la escuela flamenca, entre ellos muchos de Rubens y Van Dick, y el sillón de que aquél usó en la sala de Juntas. En este edificio se reúne la Sociedad del fomento de las bellas artes, y en una de sus salas hay abierta una exposición perpetua de las obras de los artistas contemporáneos, que, rifadas en el día 1.º de cada año, sirve a estimularlos y sostenerlos; habiéndome llamado la atención en muchos cuadros en ella expuestos las buenas tradiciones de las escuelas flamenca y holandesa que se conservan aún en los jóvenes pintores amberinos.

Las iglesias de Amberes merecen fijar muy especialmente la atención del viajero. Grandes, bellas, ricas, bien cuidadas y cubiertas con profusión de mausoleos de mármol, de bellísimas pinturas y efigies, necesitan muchas y prolongadas visitas para ser bien conocidas, y exigirían aquí una difusa relación. Desgraciadamente no la permite el espacio, y así solo diré que en la de Santiago, admirable edificio casi todo de mármoles, enriquecido por una verdadera galería de cuadros de primer orden, se encuentra una capilla destinada a la familia de Rubens, que en ella reposa; y cuyo panteón cubre una ancha losa con las armas del célebre artista caballero, del favorito diplomático de María de Médicis y Felipe IV. El más bello adorno de esta capilla consiste en un cuadro pintado de su mano, que representa la Santa Familia, en el cual introdujo su retrato el artista bajo la figura de San Jorge, y los de su padre y sus dos mujeres bajo los de San Gerónimo, Marta, y Magdalena.

En la iglesia de San Andrés, obra de la infanta Margarita, hay que admirar magníficas esculturas, y un bello mausoleo erigido por dos señoras inglesas a la memoria de la infortunada María Stuarda. En la de San Pablo; en la antigua de los Jesuitas, hoy San Carlos Borromeo, dirigida por el mismo Rubens; en la de San Agustín; en la de San Antonio; en la de San José, que perteneció a las Carmelitas fundadas por Santa Teresa de Jesús, y en otras varias, una riqueza inmensa de cuadros magníficos de bella escultura, de alhajas y curiosidades.

Sobre todo la magnífica catedral, dedicada a Nuestra Señora, es uno de los monumentos de arrogante osadía, uno de los más admirables conjuntos artísticos que existen en Europa. Atribúyese su construcción al siglo XIII, y tiene de largo quinientos pies por doscientos treinta de anchura y trescientos sesenta de elevación: su nave principal es reputada por la más perfecta después de la de San Pedro en Roma, y cuando se entra en ella causa un movimiento de agradable sorpresa su bella cúpula iluminada lateralmente: el techo pintado al fresco con magnificencia, su elegante vidriería, y la riqueza de sus altares de mármol y de elegante forma. Deteniéndose a visitar sus capillas, llega a su colmo el placer del artista contemplando los más célebres cuadros de la escuela flamenca; sobre todos las obras capitales de Rubens y Van Dick el Descendimiento y la Elevación de la Cruz, colocados en los lados laterales del crucero, exigen absolutamente la peregrinación de Amberes de todo artista entusiasta.

La famosa torre lateral, que decora la portada de este soberbio templo, acabada en 1518, es también una de las más bellas y atrevidas que existen en el mundo. Su elevación es de cuatrocientos sesenta y seis pies, y se sube por seiscientos veinte y dos escalones hasta su última galería; posee un juego de noventa y nueve campanas, que ejecutan a cada hora preciosas sonatas: la campana grande (cuyo padrino fue Carlos V) pesa seis mil libras, y necesita diez y seis hombres para ser movida.

Desde aquella altísima galería se descubre casi toda la Bélgica, y parte de la Holanda; Bruselas, Malinas, Lovayna, Tournouth, y hasta con el auxilio de un buen anteojo alcánzase a ver el humo de los vapores que entran por la embocadura del Escalda: el majestuoso curso de aquel río, las llanuras pantanosas de la Holanda, la ciudad de Flesinga y aquellos muros de Breda que me recordaban el drama de Calderón, el cuadro de Velázquez, y la lacónica carta del Conde-Duque de Olivares al general de nuestro ejército: «Marqués de Spinola, tomad a Breda».

Pero la estación invernal se había adelantado durante mi permanencia en aquel país; el Escalda y el Mossa, a ejemplo del Ródano y el Saona, habían olvidado sus márgenes y se extendían por las artificiales praderas del País Bajo, convirtiéndolas en un eterno lago que había que atravesar a bordo de una diligencia. Tuve, pues, aunque con sentimiento, que renunciar al proyecto de seguir hasta Amsterdan y La Haya, y terminar aquí, un paseo que con tal desencadenamiento de elementos me ofrecía peligros ciertos por dudoso u escaso placer; regresando a Bruselas, y de allí a París, no sin dar un largo rodeo para tener el gusto de visitar la suntuosa y antigua catedral de Reims.

Pasado en París lo más crudo del invierno, había determinado continuar mi correría y visitar

il bel paese
ch'Apennin parte, e'l mar circonda e l'Alpe

pero las embajadas italianas ofrecen hoy mil inconvenientes para autorizar los pasaportes de los viajeros españoles. Torné entonces mis miradas a la Gran Bretaña; pero la vi envuelta en espesas nieblas, de que conservaba triste memoria por otro viaje que hice a aquel país hace siete años. Visto lo cual, y atendidos también los deseos que picaban el ánimo de platicar con mis paisanos en el habla de Cervantes, y de tornar a ver el agraciado rostro y lindo talle de mis paisanas, tomé rápidamente la vuelta del Pirineo, saludé las Castillas, y di fondo a pocos días en la casa de postas de Madrid.

Libros a la carta

A la carta es un servicio especializado para
empresas,
librerías,
bibliotecas,
editoriales
y centros de enseñanza;
y permite confeccionar libros que, por su formato y concepción, sirven a los propósitos más específicos de estas instituciones.

Las empresas nos encargan ediciones personalizadas para marketing editorial o para regalos institucionales. Y los interesados solicitan, a título personal, ediciones antiguas, o no disponibles en el mercado; y las acompañan con notas y comentarios críticos.

Las ediciones tienen como apoyo un libro de estilo con todo tipo de referencias sobre los criterios de tratamiento tipográfico aplicados a nuestros libros que puede ser consultado en Linkgua-ediciones.com.

Linkgua edita por encargo diferentes versiones de una misma obra con distintos tratamientos ortotipográficos (actualizaciones de carácter divulgativo de un clásico, o versiones estrictamente fieles a la edición original de referencia).

Este servicio de ediciones a la carta le permitirá, si usted se dedica a la enseñanza, tener una forma de hacer pública su interpretación de un texto y, sobre una versión digitalizada «base», usted podrá introducir interpretaciones del texto fuente. Es un tópico que los profesores denuncien en clase los desmanes de una edición, o vayan comentando errores de interpretación de un texto y esta es una solución útil a esa necesidad del mundo académico.

Asimismo publicamos de manera sistemática, en un mismo catálogo, tesis doctorales y actas de congresos académicos, que son distribuidas a través de nuestra Web.

El servicio de «libros a la carta» funciona de dos formas.

1. Tenemos un fondo de libros digitalizados que usted puede personalizar en tiradas de al menos cinco ejemplares. Estas personalizaciones pueden ser de todo tipo: añadir notas de clase para uso de un grupo de estudiantes,

introducir logos corporativos para uso con fines de marketing empresarial, etc. etc.

2. Buscamos libros descatalogados de otras editoriales y los reeditamos en tiradas cortas a petición de un cliente.